I0783669

Нить

Евразийский литературный сборник
Том 8

Лондон
Hertfordshire Ptress
2024

Издательство Hertfordshire Press Ltd © 2024
e-mail: publisher@hertfordshirepress.com
www.hertfordshirepress.com

По заказу Евразийской Творческой Гильдии, Лондон

Евразийский литературный сборник
Том 8

Язык издания: Русский

Составитель: Анна Лари
Верстка: Александра Рей

British Library Catalogue in Publication Data
A catalogue record for this book is available from the British Library
Library of Congress in Publication Data
A catalogue record for this book has been requested

ISBN: 978-1-913356-79-8

СОДЕРЖАНИЕ

4

С самого начала своего существования "Нить" соединяет творчество авторов, пишущих в различных жанрах, отображая дух народов Евразии. Этот сборник - своего рода мост для представителей творческой интеллигенции из разных уголков мира. Он создает неповторимую мозаику мирового литературного наследия.

За всю историю существования сборника были изданы более ста авторов из двадцати пяти стран, он стал местом встречи для талантливых людей с разных континентов. Каждый рассказ , каждое произведение этого сборника - это лепта, вклад в мировую культурную сокровищницу.

Уже в восьмой раз «Нить», словно волшебная канва, объединяет евразийское пространство, соединяя произведения из разных уголков света.

Мы рады, что вы вновь с нами в этом увлекательном путешествии в волшебном мире слов в очередном проекте евразийской творческой гильди!

Менеджер проекта
Анна Лари

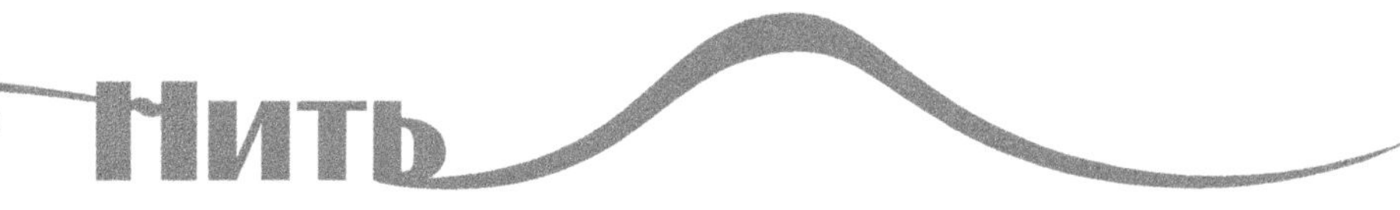

АИДА РАМ

Аида Рам родилась в Казахстане, в городе яблок. Путешественница и искательница приключений, гармонично сочетающая в себе качества заботливой мамы и дочери, предпринимательницы и творческой личности.

Начинающий автор женской прозы и сценарист. Книга «Живая Бутоньерка» публикуется в Издательстве НИТИ и продается во многих странах мира. Это не просто произведение о женской природе, а исследование ее тайн и прелестей, которое призвано привлечь внимание мужчин к сложности жизни женщины и ее богатому миру. Эта книга открывает перед читателем вдохновляющий мир эмоций, борьбы и побед, приглашая каждого проникнуться истинной сутью женского бытия.

СЕМЕЙНОЕ ФОТОАТЕЛЬЕ

Папа всегда и во всем подчеркивал, что я девочка, он меня видел такой. Многие же знакомые, коллеги (и их большинство) привыкли меня видеть стойким оловянным солдатиком.

Однажды вечером папа вернулся домой после смены и протянул мне что-то завернутое в бумагу. Вложив мне сверток в руки, сказал: "Открывай!" Это было что-то небольшое, но очень тяжелое. Распаковав бумагу, я увидела малахитовую шкатулку ромбовидной формы. Мы часто с ним читали сказки. А еще дома был проигрыватель и много виниловых пластинок со сказками, которые он включал на ночь. Больше всего я любила "Карлика носа", "Златовласку", "Старика Хотабыча" и "Кузнечика Кузю на планете Туами". Книгу про малахитовую шкатулку с глянцевыми листами мы дочитали совсем недавно. Мне кажется, то, как я была зачарована волшебством драгоценностей в шкатулке и превращением девушки

в Хозяйку Медной горы, и подкинуло папе идею купить мне ее. Много разных украшений, колец, серёжек с разными камушками из черненого серебра, подаренных мне папой, хранилось в этой шкатулке. Некоторые до сих пор там и лежат. Однажды он принес зеркальце мельхиоровое с яркими камушками – всё как в сказке.

Уметь быть фотомоделью, пусть и непрофессионально – очень женский талант. Все мои фотографии в комнате в рамочках, и те, что висят в комнатах у родителей, это всё дело рук моего папы. В детстве у нас была традиция, точнее, традиция была его, но чтить приходилось и мне, и брату. Каждый месяц, как по звонку, он водил нас в фотоателье. Мама уходила на работу еще до того, как петухи начинали будить мир, а мы частенько оставались дома с папой. У него была завидная способность меня наряжать. На фотографиях я получалась очень художественно, всё время в каком-то сценическом образе. На одной – ни дать, ни взять – дублерша противной Марфушки из сказки «Морозко», с грустными глазами, розовыми щеками и в ярком расписном платке с бахромой на голове, часть платка свисала на плечи поверх шубки. На другой, где я уже постарше, у меня короткая стрижка, но те же грустные глаза. И самая важная деталь – полосатая майка с морскими напевами задом наперёд.

В детстве я не любила фотографию, где я сижу рядышком с братом. Ему там около семи, а мне примерно два, он в кожаной курточке и напоминает Мишку из художественный фильм «Бронзовая птица». А я сижу с заплаканными глазами (видимо, плакала всю дорогу) и с распухшим носом, который расплылся по всей пухлой мордашке. Сейчас я смотрю, и мне хочется улыбаться. Она милая, эта фотография.

Не могу сказать точную причину, почему фотоателье расположилось у нас дома, но папа был не просто костюмером, но еще и фотографом. Он купил фотоаппарат "Зенит", специальный лоток и красную лампу для проявки фотографий, проявитель, множество коробочек с пленкой Fujifilm и щипцы, чтобы доставать мокрые фотографии из раствора. Наша ванная превратилась в фотолабораторию, где мне нравилось ассистировать. А еще мне нравился запах мокрых фотографий, которые, как новогодние флажки, висели на бельевой веревке. Это целая наука, процесс требовал правильной последовательности и полной темноты. Сначала пленку перематывали на катушку и помещали в бачок, потом проявляли, закрепляли, промывали и сушили. Настоящее чудо начиналось позже, когда мы печатали фотографии. Наверное, свет, который рассыпался из инфракрасной лампы, придавал моему воображению магии, и на бумаге я видела, как появляется жизнь. Бывало, что пленку с отснятыми кадрами мы засвечивали. Было обидно, ведь какие-то моменты наша память не убережет. Но зато мне доставалась фотобумага с неудавшимися фотографиями, и я могла изображать на них всё, что моей душе угодно.

На своих свадебных фотографиях родители такие молодые и счастливые. На другой мама, и мы с братом еще совсем маленькие. На лице у мамы улыбка, и даже на черно-белых фотографиях видна ямочка на щеке. Природа пропустила мою очередь, и две милые ямочки на щеках достались моему сыну. А на тех фотографиях заметно больше грусти и тоски в ее глазах. Куда уходит любовь супругов? Почему близкие люди начинают ненавидеть друг друга? Отчего мне было так больно и страшно, что хотелось бежать без памяти?!

Возможно, что папа неосознанно понимал, что искусство фотографии не просто красиво. Это язык, на котором он расскажет нам, а мы своим детям, историю нашей семьи. Даже если в ней было много боли.

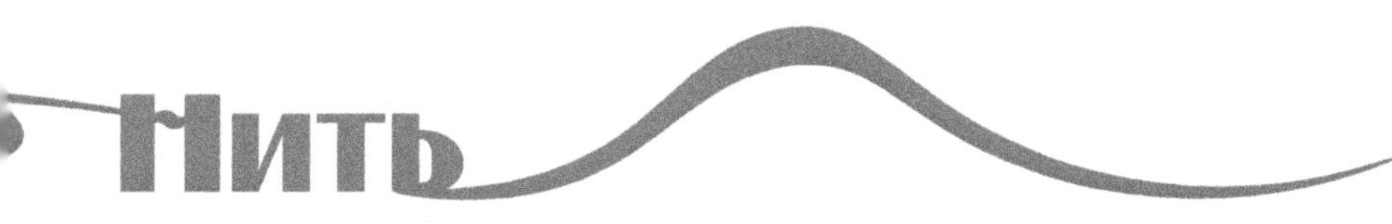

АЛ ЗАТУРАНСКИЙ

Родился и вырос в Ленинграде, СССР, закончил Первый медицинский институт, писал с детских лет. С 1979 года проживаю в Израиле. Врачебная практика глазного врача сочетается с литературой. Встречи с людьми по роду деятельности дают интересный и богатый материал для очерков, статей, романов. Опубликованы несколько романов, множество рассказов. Я реалист, смотрю на современность с открытыми глазами и беспокойным сердцем. Стремлюсь принести читателям тревожную правду о любви и надежду на лучшее! Верю в признание моей прозы широким кругом читателей.

ВСТРЕЧА

1

В начале декабря, вечером, где-то в седьмом часу, когда на улицах Петербурга, было уже темно и промозгло, Артур Фридланд подходил к небольшому аккуратному особняку в престижном районе города на Крестовском острове. Открыв калитку, он быстро прошел по мокрой расчищенной от снега асфальтовой дорожке к дому. У массивной дубовой двери он собрался было позвонить, как вдруг она бесшумно отворилась и на пороге показалась девушка с очень бледным взволнованным лицом. Она испугалась, увидев молодого человека, отшатнулась, но почти мгновенно справилась с собой и как-то странно виновато улыбнулась ему только глазами и краешками губ. Она была в черном длинном пальто с большим капюшоном, который скорым движением натянула на голову, скрыв лицо полностью. Дверь за ней тихо затворилась. Ещё секунда и она исчезла за воротами особняка. Артур остался стоять очарованный неожиданно милым видением. Наконец, повернулся и потянул на себя дверь. Она оказалась запертой. Он позвонил. Подождал. На звонок никто не ответил. Он повторил. Никого. Это показалось ему странным. Он обошел дом и вернулся к главному подъезду. Дом был тих и пуст.

Артур достал сотовый телефон и позвонил.

— Генрих! Здравствуй, это я, — он помедлил,— Артур!

— Артур?! Ты прилетел раньше срока? Я рад. Отец плох, твой ранний приезд только к лучшему. Ты уже устроился?

— Да нет, я не могу попасть в дом...

— Что это значит? Позвони, сиделка должна быть рядом с отцом.

— Я звонил. Никто не отвечает.

— Не может быть! Она никогда не оставляет его одного... Подожди на месте, я еду.

Спустя четверть часа у дома притормозил черный Мерседес, автоматические ворота медленно отворились, и машина проехала на стоянку за домом. И ещё через минуту к Артуру выбежал лохматый мужчина с сединой в длинных волосах, в расстегнутом пальто, и бросился ему на шею.

— Здравствуй, братик! Здравствуй, Артур! Сто лет тебя не видел! Возмужал, отлично выглядишь... — мужчина чуть отстранился, бегло осмотрел брата и снова обнял его.

— Генрих! Подожди, задушишь!

— Ладно. Идём в дом. Там поговорим. Отец будет тебе рад.

— У вас всё в порядке?

— В каком смысле?

— Вы примирились?

— Да что-то в этом роде... Где же ключи, чёрт? Вот... Погоди... Тут целая система... Старик стал особенно боязливым, чтобы попасть в дом, придумал кучу замков, ключей и сигнализации. И веришь ли, у меня и у Анны ключей нет. Только у него и сиделки, да ещё его адвоката. Этим он доверяет... По дороге пришлось заскочить к нему в контору...

Артур заметил горечь в голосе брата.

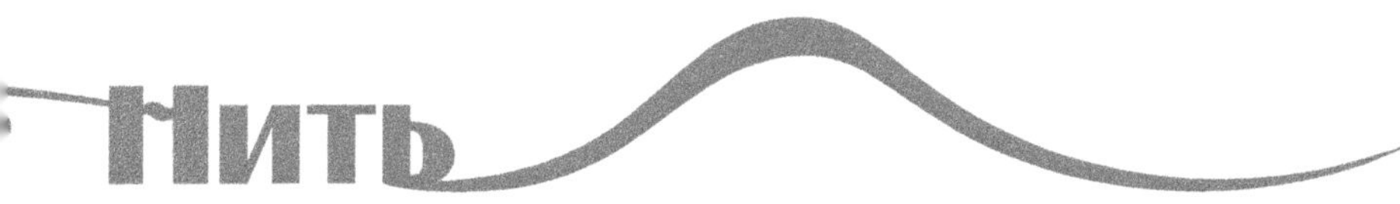

АННА ГАРИБ

- Пишу, как дышу. Подхожу к обрыву, выпускаю бабочек из груди, и мне нравится смотреть, как они летят.

Анна Гариб после 20-летнего опыта ведения семейного бизнеса в Киеве (семинары и VIP туризм), по зову сердца уехала в современную Финикию и стала писать трансформационные истории об эмоциях и внутреннем мире женщины. Воинствующая эстетка и ценительница всего, что связано с красотой, искусством и открытым сердцем в данный период проживает в Лондоне. Консультирует как энерджи коуч и Таро ридер.

ВНЕПЛАНОВЫЙ РАЗГОВОР С КОФЕЙНЫМ АРОМАТОМ

Тонкий аромат кофе соблазняюще обнял меня и был искренне удивлен моему твердому "нет".

Я ответила ему отказом, потому что у меня кое-что было в планах на этот день. Не сделаю — значит, не получу удовольствие в течение одной секунды, когда буду вычеркивать в конце дня из списка то, что сделано, и весело похрюкивать, не замечая, что променяла секундное амбициозное удовольствие на возможность встретиться с неизвестным и неведомым миром.

Аромат кофе скрутился, как джинн, и вылетел, сердито хлопнув дверью...

— Это грубая манипуляция! — крикнула я ему вслед. — Я что, зря училась психологии? Меня не проведешь! Есть план, я ему следую, не надо тут меня отвлекать и манипулировать обидами.

– Ты правда так думаешь? – заглянул в щель аромат.

– Я уверена! Что это за поведение? Я таких, как ты, очень хорошо знаю. Заберешь время, обольешься слезами, день закончится – и какой у меня будет результат? Да и у тебя тоже? – уверенно отчеканила я.

– А я не человек! Я – вдохновение! – аромат выпустил ноты кардамона.

– Все вы особенные! Лишь бы время забрать. Много эмоций и никакого толку, – настаивала я.

– Нет, ты точно что-то путаешь. Я не забираю. Я приношу, – аромат казался слишком в себе уверенным.

ДЕВОЧКА И СОЛНЦЕ

В одном городке жила-была девочка. Родилась-то она в столице, но родители были так заняты поиском смысла жизни, что частенько о ней забывали. Так что девочку отправили жить к бабушке и дедушке.

Мечтательная девочка верила, что у нее самые лучшие в мире родители. Просто заняты важными делами. Она их дождется. Они приедут и будут любить ее сильно-сильно.

Часами она сидела на табуреточке возле дома. Под солнечными лучами. Ждала. На голову она надевала желтую грязную марлю. Эту марлю дедушка использовал для утюжки идеальных стрелок на брюках и не знал, как забрать обратно. Раньше он гладил брюки каждый день.

Девочка объявила, что ждет своего жениха и родителей, и марля превратилась в фату. Никто не приезжал. Девочка смотрела на солнышко сквозь свою фату. Пока в один прекрасный день не схватила свои платья в охапку и не побежала, куда глаза глядят. Долго за ней гнались. Девочка бежала отчаянно. А когда ее словили, сказала, что хочет уехать в столицу.

После побега дедушка решил, что девочке нужны витамины, и стал делать морковный сок каждый день. Морковка, несмотря на яркий цвет, не смогла излечить девочку от тоски по внутреннему солнцу. Послушная девочка сок не любила, но пила. В один прекрасный день она совер-

шенно пожелтела. Дома не заметили. Но девочка училась в музыкальной школе, и учительница по сольфеджио сразу поняла, что желтой девочка становится от морковного сока. Учительница поговорила с дедушкой и спасла девочку.

Послушная девочка всегда ела то, что ей давали. Не жаловалась. А дедушка жаловался, что девочку никто замуж не возьмет, потому что она готовить не умеет. Девочка больше всего на свете хотела замуж...

ПОСЛЕДНЕЕ ТАНГО РАУЛЯ

– Каждый день нами руководят женщины. Своими взглядами. Словами. Высказанными мнениями. Мы прислушиваемся к ним. Так и должно быть!

Возмущенное дыхание некоторых несогласных мужчин было отчетливо слышно во время пауз в речи Рауля, но они, похоже, решили быть вежливыми учениками и промолчали.

– Мы ведомые женщинами, – продолжал Рауль, – и это природно.

– И только в танго мы, мужчины, становимся повелителями! В танго женщина просто обязана безоговорочно слушать мужчину, полностью доверять ему. Иначе танго не состоится!

Женщине следует довериться мужчине и ни о чем не думать, а его задача – вести верно, уверенно и следить, чтобы вы не столкнулись с другими парами. Только при полном контроле над женщиной и доверии с ее стороны вы сможете станцевать настоящее аргентинское танго.

АННА ЛЮЧИНИ

Я преподаю английский и русский языки. Интересуюсь эльфийской культурой. Писательством увлеклась два года назад и теперь это важная составляющая моей жизни. В свободное время читаю, изучаю языки и занимаюсь ходьбой.

ПРИВЕТ, НИМБУС!

В старинном городе Королевец живет девочка Аня, выдумщица и фантазёрка, чья жизнь меняется после знакомства с волшебником Нимбусом, богом розовых перистых облаков. Нимбус, мальчик, умеющий превращаться в птицу фламинго, прилетает к Ане и приносит с собой чудеса. Вместе друзья ходят в гости к гномам и эльфам, попадают в Страну Потерянных Игрушек, превращаются в цветы, оказываются героями книги и даже и разговаривают с ожившими статуями. Каждое их приключение наполняет мир Ани волшебством и необыкновенными открытиями.

АРИЕ БЕН-ЦЕЛЬ

Биография Арие Бен Цель весьма необычна и зигзагообразна с точки зрения географии и карьеры.

Место рождения Рига, СССР, где прошло детство и учеба в начальной школе. После репатриации в Израиль последовали средняя школа и служба в армии. Высшее образование (степень бакалавра и магистра) было получено в США. По возвращению в Израиль, была служба в МИД Израиля, которая проходила в разваливающемся Советском Союзе. После МИДа начал заниматься частным предпринимательством, которым занимается и по сей день.

Параллельно с основной деятельностью Арие занимается литературой. В 2014 году вышла его первая книга «Очень узкий мост», а в 2020 – «Рассказы для ноя».

СОУЧАСТИЕ

Перевозка сельскохозяйственных грузов фирмы Альфа осуществлялась небольшими судами водоизмещением от трех с половиной до восьми тысяч тон, способных заходить в мелководные порты. Обычно фрахтовали такие суда в Черноморском Морском Пароходстве – ЧМП, а со временем и в Каспийском Пароходстве – КасПар. Постоянное увеличение товарооборота требовало более интенсивного использования грузового морского транспорта. Связи с КасПаром развивались и в какой-то момент Альфа и КасПар пришли к соглашению о постоянной аренде – Time Charter, нескольких судов на годичный срок, с опцией продления договора. Так, по определению КасПара, Альфа превратилась в их стратегического партнёра.

Азербайджанские суда с их экипажами прославились своим профессионализмом и упорством. Не раз хозяевам Альфы приходилось слышать, что во время шторма все заходили в ближайшие порты и только азербайджанцы продолжали идти.

Капитаном первого зафрахтованного ими судна был Карим. Худощавый, высокий мужчина средних лет. Его поведение характеризовалось тихой речью, мягкими манерами и вежливостью. Вкратце, это был очень приятный человек и мастер своего дела. После шести месяцев в море, по контракту между КасПаром и составом моряков, полагался достаточно длинный отпуск. После завершения своего очередного морского периода, пришвартовавшись в Одессе, Карим должен был уйти в долгожданный отпуск, в своем любимом Баку, где его ждали жена и дети.

В офисе фирмы «Альфа» устроили небольшой банкет, в честь этого человека, отношения с которым за время работы, стали дружескими. После множества тостов и обильной еды, перед тем как шофер фирмы должен был отвезти Карима в аэропорт, местный глава фирмы преподнес ему подарок – последнюю модель телефона «Нокиа». Для Карима это был неожиданный и очень приятный сюрприз.

Через несколько часов он наконец был дома. Вся семья встречала его в аэропорту. После шести месяцев разлуки это был эмоциональный момент для всех. Старший сын Эльхам даже пропустил лекции в университете, чтобы встретить отца. После объятий и первичных вопросов и ответов, на двух машинах, двинулись домой.

После праздничного обеда, когда разъехались гости, Карим раздавал приобретенные им за шесть месяцев в разных странах подарки. Кому, что и откуда. Из Украины, Турции, Марокко, Египта и Израиля. В чемодане остался нераспечатанный пакет с новой Нокией, полученный в Одессе.

- А что это, папа? - спросил Эльхам.

- А это мне подарил в Одессе наш фрахтователь. Кажется какая-то последняя модель телефона.

Карим, увидев, что тема телефона заинтересовала сына, добавил:

- Открой, посмотри.

Недолго думая, Эльхам распаковал пакет и с вожделением взял в

руки последнюю модель Нокии. Его глаза загорелись и показалось, что юноша на какой-то момент потерял дар речи.

Восторг юноши не остался не замечен его родителями, взгляды которых встретились и Карим заметил, как жена едва заметно кивнула ему головой. Эльхам, их первенец, их гордость, студент-отличник, был обожаем не только ими, а также всеми родственниками и соседями. Он был похож на отца не только внешне. Манера его поведения, доброта и вежливость, все повторяло в нем Карима.

- Я понимаю, что если дам эту Нокию тебе, то ты вряд ли откажешься, - спросил Карим.

- Что ты папа. Я не могу это взять, - сказал Эльхам, быстро положив телефон обратно в чемодан.

- Ладно сынок, - улыбнулся Карим, - Бери и получай удовольствие. Ты заслужил.

Карим оказался прав. Все еще ощущая неловкость, Эльхам все же взял телефон и найдя в упаковке инструкции, поставил телефон заряжаться.

Сразу же по окончании семейного чаепития, юноша занялся изучением последнего слова техники и его настроек, и уже после того, как все члены семьи отошли ко сну, лежа в кровати, он еще долго наслаждался своей новой игрушкой.

- Где это ты пропадал вчера? – спросил Эльхама однокурсник, когда тот зашел в аудиторию на следующее утро.

- У нас был праздник,отец вернулся - ответил юноша.

- А, новые подарки, - спросил, или скорее констатировал другой.

Это был Аликпер, давний конкурент и завистник Эльхама. Их неприязнь началась почти сразу же после того, как они в одно и то же время поступили в политехнический институт. Аликпер тоже был способным студентом, но почему-то угрюмым и довольно молчаливым. Внешне он тоже уступал симпатичному Эльхаму, вокруг которого постоянно вился рой молодых студенток, так и искавших повода обратится к нему, чтобы привлечь его внимание.

- Так что же ты получил? – спросила местная красавица Эсмира.

– Вот, - скромно ответил Эльхам, вынимая из кармана телефон.

- Можно посмотреть, - спросила Эсмира, протягивая руку.

Она подошёл к Эльхаму совсем близко и вокруг них моментально собралась группа девушек и парней с их курса. Скромному Эльхаму было неловко объяснять обо всех достоинствах новой модели. Телефон переходил из рук в руки, оставляя его скромного хозяина в стороне. Пора было садится по местам. Зашел профессор и началась лекция.

Эльхам не знал у кого его телефон и сразу же после лекции спросил у Эсмиры. Она сказала, кто у нее взял и так по цепочке один посылал к другому. Судя по тому, что ему удалось выяснить, последним у кого выдели Нокию был Аликпер.

Следующая лекция была через час, что давало возможность Эльхаму заняться поисками пропавшего телефона. Обойдя несколько аудиторий, коридоров и туалетов, он вышел на передний двор здания, где, лениво греясь на солнце, в ожидании следующей лекции было довольно много студентов. Аликпера среди них не было.

Оставалось еще одно место – задний- подсобный двор института. Это был небольшой, неприятный, запущенный двор, с мусорными баками и старой использованной мебелью. Двор всегда пах сыростью, так как солнце туда не попадало. По этой же причине в нем обычно никого не было.

Едва приоткрыв калитку Эльхам увидел Аликпера, сидящего на старом стуле с Нокией в руках.

- Аликпер, дай телефон, - сказал Эльхам.

Аликпер слегка улыбнувшись, игнорировал появление хозяина Нокии. Подойдя к Аликперу, Элхам повторил, протянув руку.Аликпер продолжал сосредоточенно изучать телефон. После очередного повторения своей просьбы Эльхам попытался взять телефон из рук Аликпера. Тот ловко убрал телефон и улыбнувшись не без нахальства спросил:

– Это почему я должен тебе его давать?

– Это мой телефон, - ответил Эльхам.

- Ты думаешь, что только у тебя может быть такой телефон? Ошибаешься он мой!

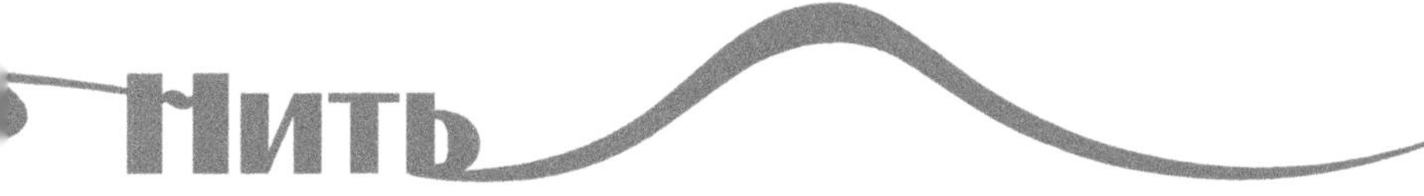

Дефицит совести обратно пропорционален профициту хамства.

Эльхам думал, что Аликпер просто хочет его взбесить. Это была явная, наглая ложь. В этот момент они уже стояли друг против друга, но Аликпер своими маневрами не позволял Эльхаму дотянутся до Нокии.

После нескольких минут противостояния Эльхам несильно толкнул Аликпера ладонями в грудь. Тот отступил на несколько шагов, побледнел и лицо его исказилось от гнева. В следующую секунду он ударил наступающего Эльхама кулаком по лицу. Вся накопившаяся злость и ненависть отражались у него на лице. Удар ошарашил оставшегося на месте юношу. Через несколько секунд придя в себя он бросился на противника, и они, повалившись, покатились по земле. Борьба продолжалась недолго, так как выбила обоих из сил. В конечном итоге, когда оба сильно запыхались, Эльхам все же оказался на Аликпере, который из ненависти пытался исцарапать ему лицо. И всегда такой сдержанный Эльхам не удержался и кулаком ударил противника по лицу. У Аликпера из носа хлынула кровь.

К этому моменту, когда они оба уже тяжело дышали, ни один их них больше не думал о Нокии, которая валялась где-то невдалеке. Кровь, полившаяся по лицу Аликпера, ударила ему в голову. Державший его на земле Эльхам слегка ослабил хватку, что позволило Аликперу достать из кармана кнопочный нож.

Через секунду, когда так ничего и не успевший понять Эльхам с ножом в груди повалился на бок, окровавленный Алекпер вскочив на ноги и выбежал из подсобного двора, обращая на себя внимание удивленных студентов.

Об этой трагедии в фирме узнали от одного из капитанов КасПара. На следующий день в конце совещания и обсуждения текущих дел, один из компаньонов рассказал о случившемся всем присутствующим. В зале заседаний воцарилась воистину гробовая тишина.

- Кто бы мог подумать, что этот подарок от чистого сердца, в знак признательности за отличную работу может привести к такому, - сказал один из компаньонов.

- Если бы мы ничего не подарили... ничего бы не случилось, а сейчас, причина этой трагедии является следствием нашей доброты? Мы как будто получаемся соучастниками, - промолвил другой.

- Мы как слепые идем, подсознательно смотря на карту и намечен-
ный на ней путь называя его судьбой, - негромко произнёс один из них.

В помещении еще некоторое время сохранялась тишина, а затем
люди молча, опустив головы стали расходится по своим кабинетам и
возвращаться к работе.

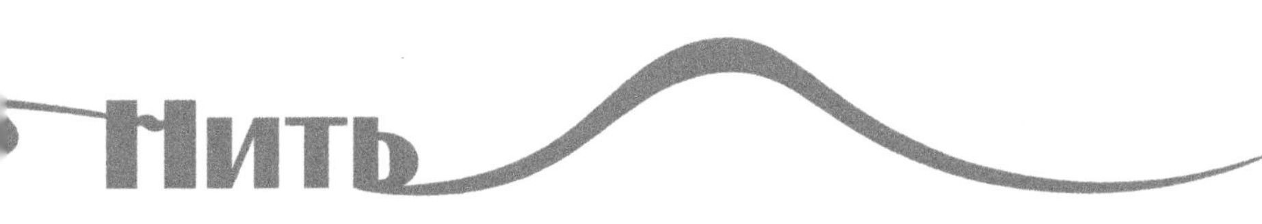

АФИНА АБДЫЛДАЕВА

Педагог, партийный работник, поэт, писатель, переводчик. Абдылдаева Афина родилась 8 августа 1944 года в селе Кызыл-Туу, Московского района Киргизской ССР.

Окончила: Кызыл-Туйскую семилетнюю школу в 1958 году; Фрунзенский финансово-кредитный техникум в 1961 году; Киргизский государственный университет, филологический факультет, отделение русского языка и литературы в 1969 году; Алма-Атинскую Высшую партийную школу в 1985 году.

МЕСТЬ БЕРКУТА

Предродовые схватки у Бообек продолжались, шли одиннадцатые сутки. Дитя в утробе заволновался и опять заговорил с матерью: "Апаке, отец идет домой. Ему нельзя доверять словам пришельцев. Они хотят его убить. Пусть ата сегодня побудет дома, отдохнет, а завтра должен снова уйти в горы. Слышишь, мама. Пусть непременно уйдет".

Бообек в сердцах упрекнула малютку: "Ты опять начал меня пугать? Мне и так тяжело. Я измучилась, а ты еще пугаешь меня страшными предсказаниями". В это время вошли Сагындык с Усеном. Сразу взглянув на исхудавшую жену, он подошел к матери, встал на колени и молвил: "Апа, это я, Сагындык. Как вы?" Подслеповатая старуха сразу схватила за руки сына, провела рукой по обросшему лицу родного, единственного сына и заголосила: "Благодарю Аллаха, что дал услышать твой голос. Похудел, оброс... Один среди суровых гор, замучился, наверное, мой жеребёнок"

ВЕРА ГРИШИНА

Я творческий человек, пишу с детства, пишу от души искренние стихи и прозу. Очень люблю путешествовать, мечтаю экранизировать книгу. Автор сборника стихотворений «Одинокие сердца» и мистической повести «Эмма из Прованса».

Написав роман «Голубая чёлка», я хотела донести до читателя простые вещи, о которых порой мы забываем, что в жизни у каждого найдется человек, который полюбит его таким, какой он есть, в жизни каждого человека есть то, за что необходимо бороться. Надо всегда верить в лучшее! А ведь по-другому никак не может быть! И неважно Золушка ты или нет, все достойны счастья и любви.

«ГОЛУБАЯ ЧЁЛКА»

Глава 1. В паутине организованной преступной группировки

Новый день – раннее утро, солнце уже встало и грело своими лучами лобовое стекло автомобиля моего друга, он, облокотившись на капот машины, завтракая своей сигареткой, баловался, выдыхая колечки дыма, похожие на сгустки облаков.Высокий брюнет, худощавого телосложения, надувал всегда свои щёки, которыми любил меня дразнить: «Хомячок! Хомячок!» Золотисто-фиолетово-каштановые кудри свисали на мои плечи, голубая чёлка закрывала один глаз.

Эх, Алекс, Алекс...Общаясь с ним, я влюблялась в него недели за неделями, не осознавая этого. И если бы он узнал, кем я работаю...Нет, мой секрет он никогда не узнает.

МАРИНА ВАРДАН

Родилась в Ереване. Окончила с отличием Ереванский государственный университет по специальности «биофизика». Защитила кандидатскую диссертацию. Работала экспертом по окружающей среде и природным ресурсам в разных организациях и странах.

Публиковалась в коллективных изданиях, включая проект «Библиотека современной поэзии», Литера, «Антология армянской поэзии», сборник современной драматургии, журнал Восток-Запад. Автор книг «Мысли Вспять» и «Возвращение к себе». Дипломант конкурса «Куда уходит детство» в номинации проза, второе место в международном конкурсе «Великий Странник». Финалист конкурса «Открытая Евразия 2021» и второе место в конкурсе «Открытая Евразия 2022» в номинации сатира. Второй приз в конкурсе «Нить 2022», первое место в конкурсе « Времена, Люди, Судьбы». Член Союза Писателей Северной Америки.

ЯБЛОНИ В ЦВЕТУ

Она повернула голову и посмотрела в сад. Как красиво! «Май – это изумительное время для сада», – подумала Элла и машинально открыла окно. Нежный аромат ворвался в комнату. «В такой день можно только радоваться», – вдруг поняла Элла. И пусть уходит к другой, ну и что… Он сделал ей детей, помог их вырастить. А теперь, кажется, их уже ничего не связывает. И правильно сделал, что влюбился, не будет мешать её уходу в себя. Зачем же она плачет, может, радоваться надо? Пока она задавала себе этот вопрос, раздражённый голос мужа вернул её к разговору.

– Что ты молчишь? Я тебя который раз спрашиваю… Ты что, нарочно?

– Можешь уходить, – спокойно сказала она, вытерев слёзы.

– Но несколько минут назад ты говорила другое, – удивился он и подумал: «Такой поворот не в моих планах».

– Воможно, ну, а теперь мне не хочется нарушать гармонию цветущих яблонь...

– Ты, наверно, надо мной издеваешься?

Она улыбнулась:

– Но ты же этого хотел.

– Зато ты этого не хотела десять минут назад.

– Да, наверное, но почему? Теперь я не знаю. И десять минут – не так мало, чтобы что-то изменилось, – ответила она спокойно.

– Ты можешь определиться? – уже почти кричал муж.

– Да, я определилась: я не хочу, чтобы кто-то или что-то мешали мне наслаждаться цветущими яблонями, ведь эти нежные лепестки скоро опадут, и их аромат пройдёт.

– Пусть кто-нибудь обвинит меня, ну, как жить с такой отключённою?! –риторически воскликнул муж.

– Чувство гармонии ты называешь отключением?

– Причём тут гармония? Мы обсуждаем наше будущее.

– Вот оно-то и нарушает эту красоту, – с усмешкой сказала Элла.

Он еле сдержал себя.

– Ну, да, мне казалось, я полюбил другую. Я хотел уйти к ней. Но, может, это пройдёт, – уже неуверенно сказал он и продолжил: – А ты специально меня раздражаешь, чтобы я ушёл.

– Ну, значит, определиться должен ты, а не я.

– Я решительно тебя не понимаю, как можно так менять настроение?

– Тебе не кажется, что ты тоже меняешь своё настроение вместо того, чтобы держаться прежней линии и уйти, – тихо, но решительно ответила Элла.

– Хорошо, – снова кричал покрасневший от злости муж: жертва в самый критический момент ускользнула неизвестно куда. А он, ведь он на самом деле хотел лишь сентиментального примирения. Представлял, как он согласится остаться после её слёз, как ему удастся выторговать себе больше свободы. «Как можно думать о каких-то яблонях в такой момент?! Скорее всего, у неё кто-то есть. Не дам, своё никому не отдам», – клокотало у него внутри, но вслух уже спокойнее произнёс:

– Хорошо, отложим этот разговор до осени.

– Зачем? Зачем портить осень? Она тоже очень красива, – ответила Элла мечтательно...

МАРИЯ МУЧИНСКАЯ

С 2019 года начала писать стихи, пишу для взрослых в основном, но и для детей. Член Евразийской Гильдии, горжусь своим членством, стараюсь активно участвовать в фестивалях. Пишу небольшие рассказы для детей и взрослых. Пенсионерка, занимаюсь в школе «Графика». Издано восемь сборников, а также книжечка для малышей. Издан перевод на белорусский язык детской книги узбекской поэтессы Елены Макаровой

ВЛАДИВОСТОК... ВЛАДИВОСТОК...

...Поезд тронулся, все разобрали свои постели, в вагоне потушили свет, за окном полил проливной дождь. А может быть, это были слёзы прощания девушки, которая перевернула ещё одну прекрасную страничку в своей жизни. Она не один раз будет её перечитывать, мысленно бродить по сопкам, подолгу стоять в порту и любоваться водной бескрайностью, наполненной таинственной божественностью. В этот момент, возможно, от отчаяния, возможно, в отместку обидчикам, а может, оттого, что погода за окном соответствовала состоянию её души, она изо всех сил пыталась приглушить внутреннюю бурю, всматривалась вдаль, непроизвольно стала читать: «Люблю грозу в начале мая...». Пожилой пассажир подхватил и продолжил её чтение. Наверно, его внутреннее состояние было также сродни погоде на улице. Так они вместе полушёпотом дочитали до конца всё стихотворение.

НАТАЛЬЯ БЕЛОМЫТЦЕВА

Моё детство, юность прошли в г. Новосибирске. Я родилась 1941г. Училась в Высшей партийной школе (теперь это СибАГС – Сибирская академия государственной службы). Работала - в филармонии, в театре, в многотиражной газете и печаталась в издательствах «Советская Сибирь» и «Вечерний Новосибирск».

А также в журнале «Берега» г. Калининград, «Литературные знакомства» г. Москва. В книге «Во имя мира на земле г. Москва С некоторых пор я, ввиду непредвиденных обстоятельств, проживаю в окрестностях столицы Франции. Но мысленно я всегда со своей Родиной, со своим любимым городом и памятью обо всём, что меня с ним связывает.

ТАИНСТВЕННАЯ КРАСОТА ПРИРОДЫ

Он мощный, он суровый. Он такой недосягаемый, он – Тихий и Великий. Его огромные волны – то приливают к берегу, то, успокоившись, уходят куда-то вдаль, унося с собой искорки прорывающегося сквозь тучные облака солнца.

Эта красота не одинока. Лёгкий ветерок, пролетающий бесшумно над водой, касающийся вершин гордых вулканов, вновь не слышно возвращается и затихает над бездной океана. Вулканы вдали от огромного океана – ещё одно чудо природы в мире, – такие же мощные и таинственные. Осенний пейзаж на вулкане представляет собой удивительное зрелище. Немногочисленные деревья, окружающие его, окрашиваются в необыкновенные оттенки золотого, красного и других осенних цветов. Каждое утро можно слышать музыку природы, создаваемую шелестом листьев и пением птиц.

НИНА ЯГОЛЬНИЦЕР

Здравствуйте, меня зовут Нина Ягольницер, я писатель, автор статей, неутомимая рассказчица, режиссер по первой специальности и ассистент стоматолога по второй. Я шаман-любитель, вызывающих духи несуществующих людей. Любопытная соседка, выглядывающая из-за угла истории. Сплетница, с одинаковой охотой собирающая странности душ и странности характеров, а потом плетущая из них маленькие миры. Я никого ничему не учу. Я просто брожу меж чужих судеб, вглядываюсь в чужие лица, выдумываю чужих демонов и разговариваю с ними. Я рассказчик. Автор двух романов и сборника рассказов. Член Евразийской Творческой Гильдии (ECG) с 2019 года, лауреат российско-израильского конкурса «На одном языке» 2020, конкурса «Открытая Евразия» 2021 и Суперкубка «Открытая Евразия 2023».

«ЗАМЕТКИ СТРАННОЙ ШКОЛЬНИЦЫ»

Я уже говорила вам про рай?Так вот, милые мои. Ормарр, жуткий легендарный Ормарр – это самый настоящий рай. Это древний замок, где не знают о подростковых интригах и студенческих дрязгах. Это крепость, все обитатели которой сколочены в единый несокрушимый легион. Все они, от детворы в шубках, и до выпускников с ритуальным клеймом Северного Братства меж лопаток, преданы друг другу безоглядно и бестрепетно. Честь здесь стоит превыше любых достижений, подвигов и мастерства. Здесь вообще не знают, что такое зависть.

«КРЫСЕНОК И ЧАРОДЕЙ»

Брат Китон пришел в мир незваным и с самого рождения носил неказистое прозвище Крысеныш, сам, впрочем, ничуть не считая его обидным.

Семнадцатилетняя трактирная судомойка опросталась им прямо в кладовой, не успев отереть рук от сажи котла, который аккурат чистила, застигнутая родами. Тучная кухарка миссис Бути сноровисто завернула кричащего младенца в грязный материнский фартук и с неодобрением посмотрела в сморщенное личико:

- Ужо не мог погодить? - проворчала она, - котел-то теперь кому дочищать?

Сгребла с пола окровавленное тряпье и сухо отрезала:

- Не бери грех на душу, Мардж. Куда тебе, мыши запечной, дитё? Сама с корки на огрызок перебиваешься. Помрет, не иначе. Неси сразу в приют, что при церкви святого Панкратия. Я тебе скатерку дам, завернешь потеплее, глядишь – и спасет Богородица.

Но Мардж, тщедушная и слабая легкими замарашка, упрямо закусила бескровную губу и прижала к себе младенца:

- Спасибо, тетушка Бути. А только не могу я. Вон, вчера за ларями пол мела, да крысиное гнездо разворошила. Крыса-то с приплодом оказалась. Так сколько мы с Кэти ни визжали да метлами ни махали – она всех своих голышей в подпол снесла, ни одного не бросила. Чего ж я, хуже крысы, что ль?

Миссис Бути только покачала головой, но с того дня пыталась то подсунуть Мардж ломоть тушеной репы, то соскрести для нее со стенок котла полмиски каши.

Младенец же, крещенный Китоном, рос прямо на трактирной кухне, где сердобольный хозяин, сам схоронивший четверых детей, позволил поставить колыбель.

Тот, кто хоть раз бывал в кухне ист-эндского трактира недобрых времен ее величества Марии Тюдор, едва ли может представить себе менее подходящее место для детской люльки.

ОКСАНА ЖУКОВА (SKY)

Оксана Жукова(Sky) - поэт, писатель, художник, режиссер, продюсер и телеведущая, член Консультативного Совета Евразийской творческой Гильдии (Лондон). Она изучала режиссуру телевидения и тележурналистику в Украинском институте телевидения, радиовещания и печати в Киеве, окончила факультет филологии Таврического национального го университета. Оксана увлекается живописью, окончила ряд курсов по изобразительному искусству в University of the Arts в Лондоне и в настоящее время продолжает обучение в этом направлении. Оксана много лет работала на украинском телевидении корреспондентом и редактором, а затем автором и ведущей телепрограммы об искусстве и культуре, была корреспондентом известных украинских газет и журналов и редактором интернет-издания «Галерея звезд».

КАРАДАГСКОЕ ЧУДОВИЩЕ

Часть первая

Мальчик уже третий раз обходил побережье. Было четыре часа дня. Жара стояла невыносимая. Казалось, его ведерко с кукурузой сейчас расплавится на солнце. Он дошел почти до подножия горы, но еще предстоял путь обратно – нужно было собрать у отдыхающих все кочерыжки от съеденной вареной кукурузы. Початок стоил всего пятьдесят рублей, и разбирали их охотно, в отличие от инжира. Пять зеленых, почти увядших плодов, каждый по сорок рублей, продолжали грустно загорать на крышке серого прозрачного ведерка с кукурузой. Ни один плод так и не приглянулся пляжникам, они предпочитали другой сорт инжира – фиолетовый, более сладкий, менее терпкий, от него не печет потом неприятно язык. Мальчик был одет в темные шорты и чистую, хорошо выглаженную белую рубашку. Такого же цвета кепку на голове он старался трогать как можно реже – с пресной водой в этих местах плохо, так что часто стирать возможности не было. Если мальчик замечал мусор на пляже – он собирал его в пакет, чтобы потом выбросить в контейнер. Пляж был чистый, ухоженный. Юный торговец кукурузой чем-то смахивал на главного героя советского фильма «Тимур и его команда». С хорошей улыбкой, умными глазами, очень контактный, он нравился курортникам, особенно пенсионерам. Мальчик не кричал надрывно, как другие, на весь пляж:

– Ку-ку-ру-за!

Он старался соблюдать социальную дистанцию и ненавязчиво предлагал:

– Здравствуйте. Будете горячую кукурузу, только что сварили?

Если отдыхающий соглашался, мальчик доставал рукой в перчатке початок, заворачивал его в чистый целлофан, клал туда заранее упакованную в пакетик порцию соли и протягивая клиенту, предупреждал:

– Когда я буду возвращаться – заберу огрызок, не волнуйтесь.

Старушки останавливали его, расспрашивали о здешних достопримечательностях, и он охотно рассказывал, как красиво наверху, когда поднимаешься в заповеднике по маршруту. Пешеходная экскурсия длится четыре часа, и можно с высоты птичьего полета вдоволь насмотреться на окрестности, но еще интересней обогнуть гору на корабле под алыми парусами, взглянуть на Золотые ворота, искупаться в открытом море, а на обратном пути чайки будут хватать лакомства прямо из ваших рук. Когда друг отца брал его на корабль – их все время сопровождала стая чаек справа, а косяк дельфинов – слева по борту. Но самое замечательное событие произошло с ним, когда они приближались к берегу. Мальчику разрешили пальнуть из пушки и ударить в колокол на носу корабля.

Он снова вспомнил, как от залпа заложило уши и счастливо улыбнулся.

От подножия горы до причала – почти километр. Мальчик медленно преодолел это расстояние, собирая попутно с остатками кукурузы, окурки, разбросанные на берегу.

Море приветливо переливалось солнечными зайчиками, в тени акации ленкоранской, покрытой пушистыми розовыми цветками, рядом с палисадником, где вовсю цвели алые канны, стояла скамейка. Там было так прохладно и уютно в этот жуткий солнцепек! На пригорке, прямо за табличкой с надписью «Купаться запрещено!», сидел старик за потертым столом – такие в советское время делали специально для школьников. Старик был худой, сгорбленный и какой-то черный, не то от загара, не то от болезни. Он молча отстегнул кошелек, прикрепленный к поясу мальчика, посчитал деньги, удовлетворенно хмыкнул, положил всю сумму под скатерть и с любовью погладил ее руками в мелких шрамах и набухших венах. Старик вновь наполнил ведерко кукурузой и уложил на крышку уже совсем увядшие плоды инжира.

Мальчик попытался слабо протестовать:

– Я ведь только вернулся...

– Иди, сейчас новые люди уже пришли на пляж, видишь, народа сколько. Выходной!

Он приподнял вверх кривой указательный палец, подчеркивая тем самым значимость своих слов.

Старик подтолкнул мальчика, а сам глубже уселся на стуле и с наслаждением, прикрыв глаза от удовольствия, начал опустошать бутылку с пивом.

Мальчику очень хотелось передохнуть немного в тени деревьев, а еще больше – сбегать домой за книжкой, которую он взял вчера в библиотеке. Как было бы здорово почитать ее здесь, на скамейке, под акацией, рядом с палисадником. Он любил читать, писал стихи и фантастические рассказы, а новая книжка была очень интересной – о море и старике. Мальчик медленно брел по побережью, охлаждая ступни в воде и подставляя лицо случайным морским брызгам. Дорогу загородило семейство. Мама с папой тянули за собой сына, который громко верещал и не хотел заходить в море. Ему было лет шесть, года на три меньше, чем мальчику. Поняв, что все попытки напрасны, родители предприняли новый маневр – папа уселся в море на огромный резиновый круг, а мама взяла ребенка на руки и усадила отцу на колени. Бережно поддерживая сына, он отправился, как ему казалось, в дальнее плавание, загребая воду одной рукой, а мама подталкивала круг сзади. Далеко отчалить так и не удалось – пришвартовались почти сразу. Малыш потерпел немного, а затем начал кричать, что ему страшно.

Мальчик позавидовал малышу и всем остальным детям вокруг. Их заставляли делать то, что он не мог себе позволить, пока есть работа. А ведь ему так хотелось погрузиться в прохладное море, он очень устал от жары и с нетерпением ждал самого прекрасного времени суток – заката, когда солнце позолотит эту сторону горы, когда в его ведерке закончится кукуруза и больше нечем его будет наполнять. Тогда он сможет вдоволь понырять в море. Он совсем не боялся ледяной воды и карадагского чудовища, о котором так любили рассказывать в здешних местах. Ходили легенды, что люди все чаще сталкиваются с настоящими монстрами и с каждым годом их становится больше.

На берегу сидела дама в соломенной шляпе и обсуждала эту тему со своим спутником, мальчик знал его – он работал таксистом. Мальчик слышал их разговор, когда шел к причалу, и сейчас решил задержаться неподалеку от них. Он сел у берега, глядя в воду, но повернулся так, чтобы лучше все расслышать.

Таксист зачитывал с мобильного статью из Интернета:

– Мифический змей уже более тысячи лет смущает покой и сон рыбаков и туристов.

В статье на полном серьезе писали, что дракон вышел на поверхность. Там же были приведены слова океанолога Анатолия Таврического: «Длина монстра в районе 30 метров, диаметр туловища – метр, голова змеиная, глазки небольшие... Посредине головы начинается грива в виде спутанных волос, водорослей, обычно описывают, что конец хвоста оканчивается как трезубец такой, острый».

Таксист заметил, обращаясь к даме, что океанолог Анатолий Таврический видел чудовище сам, собрал сотни свидетельств очевидцев.

– Змея часто видят с берега. Как только чудовище поднимается на поверхность, раздается странный, резкий, невыносимый для человеческих ушей звук. Необъяснимый ужас испытывают все, к кому приближается змей. Тело цепенеет и перестает слушаться. Многие очевидцы потом даже не могут вспомнить подробности встречи с чудовищем, – цитировал таксист статью.

– Не верю я во все эти басни, – скептически промолвила дама.

– Мой друг, например, тоже его видел, но не смог описать, а вот его жена рассказала, как он выглядит, – продолжил свой рассказ таксист.

– Мы как-то поехали собирать мидии, есть места, где они особенно крупные. Мой друг плавает, как Ихтиандр, у него настоящий талант. Они с женой, правда, выпили слегка, но это никогда обычно не мешало. Погрузились вместе, но друг вскоре буквально выпрыгнул на поверхность, в страхе обнял камень и сказал, что больше туда не полезет, его трясло и мутило. Что произошло, что там, на глубине, напугало его – объяснить толком не смог. Когда появилась его жена – она была совершенно трезвая, глаза перепуганные, нога в крови, ее словно обтесали топором с одной стороны.

– Сначала я увидела под собой черную трубу, потом она начала двигаться и задела мою ногу. Это было чудовище, я уверена, – сбивчиво рассказывала она.

– После этих ее слов я туда, естественно, не полез. Было уже не до мидий как-то. А сколько раз находили дельфинов, перекушенных пополам! Ученые не верят в его существование и говорят, что это богатое воображение очевидцев, а я убежден, что дракон существует, а может, и не один, – закончил свой рассказ таксист.

Мальчик услышал, как его окликнули с пригорка. Дама обернулась и спросила:

– Кто этот старик за столом? Твой дед?

– Нет, это мой отец, – ответил ей мальчик и тут же предложил кукурузу или инжир. Дама отказалась и мальчику ничего не оставалось, как брести дальше к подножию горы.

Солнце уже не припекало так сильно, да и торговля пошла веселее. Сегодня он справился раньше, продал всю кукурузу, собрал мусор и мог наконец-то зайти в море.

Камни были скользкими и курортники с трудом продвигались вперед, они останавливались передохнуть на больших валунах, соскальзывали и все время охали и ахали, неловко наступая на острые камни. Мальчик с разбега нырнул в море, проплыл совсем немного под водой, а затем стал возвращаться к берегу брассом. И тут что-то схватило его за ногу и потянуло на дно.

Часть вторая

Мальчик с разбега нырнул в море, проплыл совсем немного под водой, а затем стал возвращаться к берегу брассом. И тут что-то схватило его за ногу и потянуло на дно.

Мальчик начал барахтаться в воде по-собачьи, пытаясь выбраться, отпихивая неизвестное существо под водой. Ему наконец удалось освободиться. Захлебываясь, забыв о размеренном брассе и размашистом кроле, он продолжал по-собачьи, напрягая все свои силы, плыть к берегу. За спиной нечто выпрыгнуло из моря, взвилось ввысь, окатило мальчика водопадом из брызг и с диким воплем обрушилось опять в воду. Мальчик боялся обернуться, но все-таки заставил себя это сделать. Перед ним стояло взлохмаченное существо, в волосах застряли водоросли, из ноздрей вырывались струи воды, глаза вращались, белки стали красными, а зрачки горели, словно в них вселился бес. Мальчик не сразу узнал в этом морском чудище собственного отца. Тот вдруг громко расхохотался, довольный собой и своей шуткой.

— Ну как, похож я на Карадагского монстра? — прогремел он и снова попытался ухватить мальчика за ногу.

Мальчик кивнул и улыбнулся в ответ, но старался держаться от отца на безопасном расстоянии. Он давно уже научился определять степень его опьянения и сейчас понял, что она достигла критической отметки, когда поведение отца может быть неадекватным. Но, несмотря на это,

мальчик был счастлив – опасность позади, вернее, ее вовсе и не было, он живой и невредимый, купается в море рядом с отцом, прямо как другие дети.

«Отец ведь только лицом похож на старика, но тело у него еще крепкое, сильное, а когда он выйдет из запоя, и лицо просветлеет, исчезнет эта страшная чернота», – размышлял мальчик.

Отец оставил сына в покое, передумав его топить, и теперь нашел новую забаву – занялся камнями. Покачиваясь, он нырял в воду, выныривал с булыжником в руках и бросал находку на берег. Тяжелые валуны сам тащить уже не мог и периодически звал мальчика на помощь.

– Пришло время собирать камни, друг мой, – философствовал старик и довольно хохотал при этом.

На берегу образовалась уже целая гора из булыжников. Курортники разбежались, чтобы их случайно не задело камнями, летящими на берег. Собутыльники отца громко включили Цоя и танцевали, едва держась на ногах. Один из них подсел к одинокой старушке и начал обсуждать своего друга, язык у него заплетался:

– Посмотрите на это животное, он же ненормальный, зачем ему столько камней!

Бабуля хоть и была любопытной, но ей вскоре надоело дышать перегаром, она собрала вещички и удалилась с пляжа.

Тем временем старик нашел огромный камень в виде кресла и, надрываясь, пытался сдвинуть его с места. Только с помощью сына с трудом удалось дотащить необычную мебель, созданную природой, до берега.

Старик сел на камень, как на трон, и провозгласил:

– Я хозяин этого пляжа! Понимаешь, друг мой, я хочу построить каменный причал, зачем мне этот деревянный? Убожество какое-то! А еще мы соорудим раздевалку на пляже. Это моя мечта, а ты о чем мечтаешь, дружище? Чтобы тебе больше не встретилось Карадагское чудовище? Боишься его?

Мама учила мальчика не бояться мифического зверя, она же привила ему любовь к чтению и привычку следить за своей одеждой, всегда быть чистым и опрятным, убирать свой дом, двор и все окружающее пространство.

– Не стоит бояться чудовищ в море, нужно бояться монстров внутри нас. Именно они способны погубить нашу душу. Опасен не тот мифический змей в морской пучине, а зеленый, тут, на земле и на дне нашей души. Он может разрушить не только тебя самого, но и самых близких любимых людей. Страшно, когда человек превращается в чудовище, – часто повторяла мама, она волновалась, что плохие гены достанутся сыну.

Мальчик поклялся, что никогда не будет употреблять алкоголь. Ни капли, даже пива. Он обещал ей это. Мама рассказывала о том счастливом времени, когда отец не пил целых два года. Потом сорвался опять. Когда он уходил в запой – становился агрессивным, кричал на маму, оскорблял ее. Запои продолжались неделю, потом был мучительный процесс выхода из него. Желудок отказывался принимать пищу. Старик просил мальчика заварить крепкий чай, который называл «чифирь», он больше ничего не мог ни пить, ни тем более есть. Самыми страшными были дни, когда он падал, ломая себе руки и ноги, валялся под забором или свисал вниз головой с крыльца, а мальчик не мог его поднять, он не хотел, чтобы мама видела его в таком состоянии и расстраивалась. Тогда мальчик бежал к соседям, просил, чтобы принесли старика домой, а потом застирывал его пропитанную мочой и кровью одежду, пока мама не возвращалась с работы. Мальчик боялся не темного монстра со дна морского, а белой горячки, когда его отец словно смотрел пустыми глазами сквозь стену и в ужасе повторял, что там за ним пришла смерть и кричал мальчику:

– Убери эту старуху с косой, убери ее!

У мальчика сосало под ложечкой, и больше любого дракона он боялся, что отец умрет, потому что каждый запой заканчивался судорогами и кровавой рвотой, которую мальчику приходилось убирать. Мальчик любил отца и боялся его потерять, как маму. Она умерла недавно.

– Сгорела за три месяца, бедняжка, – перешептывались соседи, – конечно, жизнь у нее была – не сахар...

Мальчик боялся, что его заберут в интернат, и мечтал, чтобы отец в этот раз вышел из запоя навсегда и они вместе пошли домой. Он меч-

тал, что они сядут на кухне, по-семейному, выпьют душистого чая со свежеиспеченным хлебом из соседней лавки и сваренным за пять минут вареньем из смородины, как его учила мама. А потом он залезет с головой под одеяло, зажжет фонарик, чтобы сэкономить электричество и не рассердить отца. Он мечтал, что будет до утра читать книгу американского писателя Хемингуэя о море, о добром и отважном Старике и его преданном друге – Мальчике.

ОЛЬГА ШПАКОВИЧ

Творчеством занимаюсь с раннего детства. Первая серьезная публикация была в далеком 1992 году. С тех пор вышло 6 книг прозы. Помимо литературы, увлекаюсь живописью. Десять лет я отработала на телевидении. Журналистика - не профессия, а образ жизни. Поэтому и сейчас я веду свой видео канал, снимаю и монтирую передачи «Богема Петербурга», «Встречи за чашечкой кофе». Как соучредитель и главный редактор выпускаю информационно-аналитическую газету «На наш взгляд» и Литературное приложение к ней. Очень люблю путешествовать.

БУРАБАЙ - КАЗАХСТАНСКАЯ ШАМБАЛА

Шамбала – таинственная страна, которая, как гласит предание, расположена в Азии. Южный вход – в Гималаях, у подножия священной горы Кайлас, о внеземном происхождении которой до сих пор не утихают споры. Северный вход – на Алтае, у подножия горы Белуха. Местные шаманы до сих пор рассказывают об аномальных явлениях, происходящих в ее окрестностях.

Поговаривают, что есть еще западный вход в Шамбалу - у подножия горы Эльбрус... На самом деле ворот в Шамбалу гораздо больше. И одни из них находятся в Национальном парке Бурабай (Казахстан).

Почему же Бурабай - ворота в Шамбалу? А разве не удивительно то, что посреди бескрайних казахских степей, как оазис, возник Бурабай?

КАК Я СОШЕЛ С УМА

Посвящается моему сыну Всеволоду, который мог
стать гением, если бы не болезнь...

ПРЕДИСЛОВИЕ АВТОРА

Эта книга о том, как болезнь может перечеркнуть планы и мечты, перечеркнуть жизнь. Я хочу обратиться к здоровым людям и донести до них, что им повезло – они здоровы, и пусть они ценят свое счастье, ведь быть здоровым – это счастье, как бы банально это ни звучало... А те, другие, кому не повезло – и они заболели, пусть помнят, что их болезнь, ее преодоление, смирение с ней – это их испытание. И испытание для их близких. А еще – искушение, так как легко впасть в отчаяние и воскликнуть: «Господи, за что?!», и в который раз напомнить себе: «Не за что, а для чего...».

Кто может заглянуть во внутренний мир такого человека, проникнуть в его мысли, в его мозг? А что, если эта болезнь – своеобразное благословение свыше? Где пребывают эти люди в то время, как их тела находятся в реальном мире? В каких мирах? Где в это время блуждает их душа? Автор дерзнул заглянуть по ту сторону их реальности и описать их мир, чтобы другие смогли лучше их понять.

Про таких говорят – «убогие», подразумевая – «ущербные», хотя изначально этимология слова «убогие» - «у бога». Они - душевнобольные, уязвимые в этом мире – уже у Бога и с Богом. На востоке их называют - «любимцы Аллаха». В то время, как некоторые здоровые люди, озабоченные развитием собственной духовности, занимаются различными практиками, пытаясь достичь измененного состояния сознания и приблизиться к Богу, эти уже там, безо всяких усилий... Проклятие это – или благословение?

Общество должно с сочувствием относиться к таким людям и делать все возможное, чтобы они и их близкие легче переносили это испытание.

РИММА УЛЬЧИНА

Римма Ульчина – израильский писатель, прозаик, романист, член Союза писателей, Международной гильдии писателей, пресс-секретарь ИНАРН. Лауреат Лондонской и других международных премий. Удостоена приза «Золотое перо». Участник и дипломант международных литературных конкурсов и фестивалей: «Человек года», «Под небом Грузии, «Алмазный Дюк», «Бриллиантовый Дюк», «OpenEurasia», «Музыка в прозе и стихах», «Личность слова и дела». Член-академик Международной академии ЛИК (Литературы, искусства и коммуникаций). Посол мира. Член гильдии «Eurasian Creative Guild». Автор пяти книг: «Заложница кармы и мистический Овал» (Книга года 2024), «Береника, или Прыжок во времени», «Послание небес, или Нереальный детектив», «Тайны вселенского зазеркалья», «Урок стервы». Автор двухсот повестей, новелл и рассказов.

ОЗАРЕНИЕ

Воскресенье. Дежурит вторая клиническая больница. Кареты скорой помощи врываются в тишину спящего города тревожно-протяжным воем сирен и одна за другой, скрипя тормозами, останавливаются у дверей приемного покоя.

Там творится что-то невообразимое. Врачи и сестры от перенапряжения чуть ли не валятся с ног. А больные все прибывают и прибывают. Нет не только свободных коек, но и стульев.

По графику у меня круглосуточное дежурство. Вбегаю в ординаторскую. На бегу надеваю светло-зеленого цвета халат, всовываю ноги в бахилы, хватаю медицинскую шапочку и мчусь в операционную.

Все операционные заняты. А тут санитары принесли на носилках ис-

текающую кровью молоденькую цыганочку с ножевым ранением в грудь.

– В третью операционную! Быстрее! Быстрее! Осторожнее! Черт побери, осторожнее! Одно неверное движение может стоить ей жизни! Нож прошел чуть ниже сердца! – кричит старший хирург.

– Кровь! Какой группы у нее кровь? Какое давление, пульс?

– Пульс нитевидный, а давление... давление не прослушивается.

Еще несколько секунд, и ей введут наркоз. Она приоткрыла уже тронутые смертельной поволокой глаза, взывающие к милосердию.

«Господи! Пожалей ее! Ведь она так молода и так красива! И ей очень хочется жить».

Какая-то сила заставила меня прикоснуться к руке умирающей. И тут же легкое дуновение, возникшее из ниоткуда, прошелестело у меня над ухом.

«Возьми ее за руку! Возьми! Не-не – не бойся. Сделай... добро! Подари ей немного своего тепла. Оно поможет ей выжить!.. Вы-жить!.. Выжить!..»

Повинуясь чьей-то воле, я крепко зажмурилась, сконцентрировалась и неожиданно для себя почувствовала, как мое живое тепло отогревает руку умирающей. Мне показалось, что ее длинные ресницы слегка вздрогнули.

«Вот так... теперь она спра-вит-ся», – прошелестело у меня в ушах.

«Наверно я схожу с ума!» – решила я.

И тут же услышала радостно-удивленное восклицание нашего анестезиолога:

– Невероятно! Произошло какое-то чудо! Давление начало повышаться! Пульс прослушивается! Можно начинать! – И хирург, державший в руке скальпель, сделал первый разрез.

Работа в операционной не прекращалась ни на минуту. Один прооперированный сменял другого. Так что осмыслить произошедшее между мной и истекавшей кровью женщиной не было времени.

Цыганочку звали Камиллой. Она была артисткой цыганского театра, который гастролировал в нашем городе. На следующий день был врачебный обход. Когда врачи вошли в больничную палату, цыганочка уже сидела.

– А вот это делать пока нельзя, – недовольно сказал врач.

– Извините! Но я же цыганка! А цыганская кровь – она особая! Быстрая, страстная, горячая и живучая. Ей все нипочем! А тебе, милая, спасибо! Век не забуду! Хороший ты человек! Теплый! У тебя, милая, есть в руках особая сила! Эта сила – дар Божий! И ты не имеешь права держать его в себе! Это большой грех! И никогда об этом не забывай! – обратилась она ко мне.

После работы я зашла к ней в палату.

– Камилла! Да что ты такое несла? Это же просто чушь собачья!

– И никакая не собачья! Это правда!

– Ты хоть что-то запомнила? – неуверенно спросила я.

Она долго молчала, потом прикрыла глаза, одну руку положила на тугую повязку в области сердца, а другую вытянула вдоль тела.

– А теперь слушай! Я чувствовала, что умираю. Моя душа готовилась в дальний путь. Ведь я была уже ближе к Богу, чем к людям. И в этот миг я увидела свою покойную бабушку, которая умела исцелять людей. Она что-то шептала. Да! Это моя бабушка умоляла тебя вместо меня, а я вдруг ощутила живительное тепло твоих рук. Оно волнообразно поднималось вверх по холодной, как смерть, руке, заполняя и отогревая мое тело. От тебя исходили какие-то волны. Волны жизни. А подаренное тобою тепло было тем тонюсеньким волоском, который помог мне вынырнуть из царства тьмы в царство света! И именно в этот момент я ощутила толчок в сердце. Оно ожило. Мое тело заполнил покой. Покой, вселяющий надежду! А еще, еще, – и она вдруг замолчала, наморщив лоб и сдвинув на переносице стрельчатые брови, – уверенность! И спасибо Богу, что он мне в этом помог!

Ее огромные глазищи смотрели на меня с обожанием. А я мысленно видела перед собой те глаза – глаза умирающей женщины. Люди и сестры, находившиеся в больничной палате и слышавшие ее рассказ, не могли прийти в себя. Я не верила своим ушам.

– Что это? Мистика? А может, самообман? – спрашивала себя я.

В то время еще никто не знал о существовании биополей и о возможности воздействия одного человека на энергетическое поле других людей. Но слова, сказанные цыганкой, оказались пророческими...

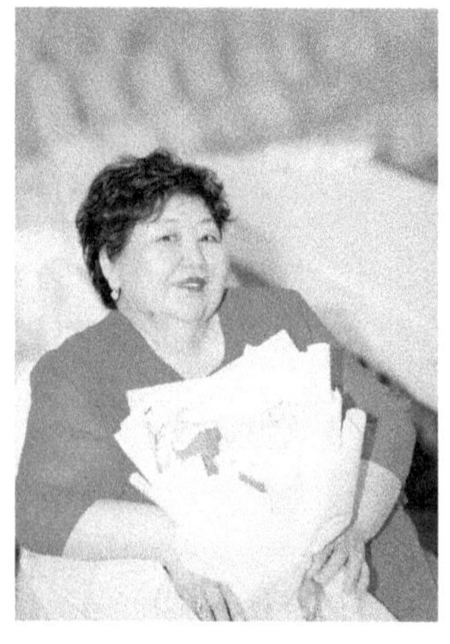

САЛТАНАТ ХАМЗЕЕВА

Хамзеева Салтанат – многие годы работала редактором художественных текстов, пишет стихи и прозу, изучает древние языки, религии, культуру, психологию, историю и оккультные науки, участвовала в археологических экспедициях. Имеет многолетний стаж вождения автомобиля, обучалась на пилота самолетов Цесна-72, неплохо владеет компьютерной техникой и программами.

СТЕПНЫЕ КЕНТАВРЫ

Степная дорога имеют свою душу, она как рассказчик увлекает тебя, убегая за горизонт. Пыльная, иногда в ухабах, иногда с появившимися невесть откуда лужами в самую знойную пору, она то петляет среди холмов, то долго тянется кривою лентой. А кругом стелется разноцветный ковер степи: местами сквозь пожухлую траву прорывается к солнцу молодая зелень, мелкими бусинками рассыпаются белые, синие, желтые цветочки, коричневые стебельки.

Старенький оранжевый ПАЗик, который ежегодно нефтяники Эмбамунаугаз предоставляли археологам в качестве спонсорской помощи, вез нас к загадочному плато Актолагай. Причудливые меловые фигуры, высеченные самой Природой, молчаливые свидетели далеких времен возвышались над степью : здесь и Шахматная Королева, и галерея мужских лиц в профиль, и фигура женщины с ребенком, прозванная Ожидающая, и пригнувшийся хищник – то ли леопард, то ли тигр, глаза которого в момент попадания лучей заходящего солнца вспыхивали как далекие огоньки – это частички соли, осевшие в «глазницах», отражали на короткое время солнечный свет. Фигуру этого зверя прозвали Степной сфинкс.

В ПОИСКАХ ЗАТЕРЯННОГО ГОРОДА

(отрывок)

...От нашего дикого, пронзительного крика какое-то неведомое, странное, уродливое существо, стоя на задних ногах (или лапах), забилось в угол и отвернуло свое лицо. Да-да, именно лицо!

Оно было невысокого роста и похоже на летучую мышь - когда он поднимал руки, чтобы прикрыть свое лицо, мы увидели его крылья. Его серая кожа почти сливалась с тенью на стене, но недлинный подрагивающий хвост выдавал его присутствие.

И вдруг оно зарыдало, совсем как человек! Всхлипывая, оно повернуло к нам свое лицо, изможденное лицо с красными опухшими глазами.

Наш гид Мерген опустился на колени и медленно, скуля, словно детёныш животного, поползло к нему.

Существо недоуменно взглянуло на нас, перевело взгляд на Мергена и осторожно вытянуло руку-лапу, как будто собиралось погладить его, но передумало. Потом оно опустилось на землю, село, подтянув колени.

Тем временем Мерген подошел к нему достаточно близко, на расстояние вытянутой руки.

Кажется, между ними установилась связь – пока еще непрочная, но все же ... И самое удивительное, они общались! Мерген издавал какие-то негромкие звуки, Существо отвечало ему!

Через некоторое время Существо встало на согнутые ноги, посмотрело на нас грустно, робко коснулось головы Мергена, так и не вставшего с колен. Потом все так же, не отрывая настороженного взгляда от нас, стало медленно пробираться, упираясь спиной в стены в другой угол.

Вглядевшись, мы разглядели узкий проход. Существо, пятясь все так же спиной, исчезло в нем.

Мерген встал с колен, оттряхнул их, подошел к Заке и что-то прошептал ему.

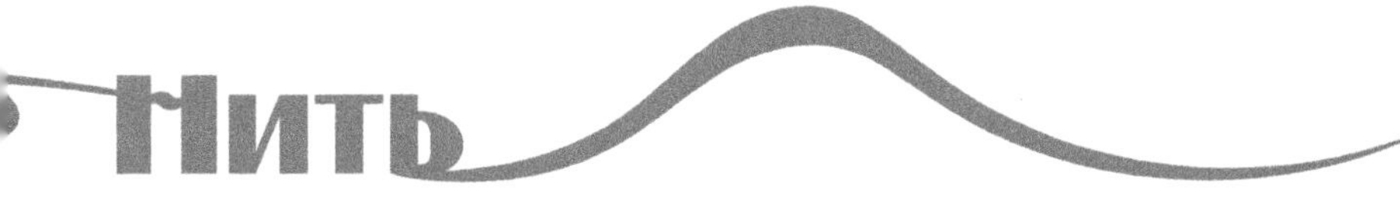

АЛЕКС ЛЕВИН-АРЛЕВ

Алекс Левин-Арлев–бывший писатель-сатирик, Лауреат Всесоюзной премии–после очень долгого перерыва, связанного с эмиграцией, однажды пробегая мимо письменного стола, присел за компьютер и остался там сидеть, уже не вылезая. В результате его портфель значительно пополнился, поэтому, если читателю понравится его новое произведение,он уберёт из своей биографии прилагательное «бывший» перед существительным «писатель».

AT THE THRESHOLD OF HUMANITY
Part 1

The Dictator met Satan at humanity's threshold, where common sense attempts to understand the people's world.

SATAN

Why are you so wicked, Dictator?

DICTATOR

I must be so. My job is to lead. I thought you were aware of that... I need a whip.

SATAN

Just try without it.

DICTATOR

I never knew you could be so stupid.

SATAN

Be careful about what you say. Your language is polluted.

DICTATOR

I am the king of the earth! This is my undeniable right! I let you be my friend, don't you agree?

АНДРЕЙ ГОГОЛЕВ

Расследование исторических фейков. Пенсионер.

ИЗЯЩНАЯ СКАЗКА

В лето 6507 (999 РХ) печенеги, воспользовавшись тем, что Владимир укатил в Новгород, вознамерились напасть на Белград, лишь три года как отстроенный князем с нуля в пригороде Киева, но о чём горожане узнали весьма задолго (разведка сработала?). В смекалке, в нестандартном мышлении белградцам было не отказать: отрыв две глубокие ямы, они поставили в них две бочки с киселём и сытом (медовым взваром), обустроив затем хранилища, которые стали внешне выглядеть как колодцы. Когда же печенеги вошли в город, его жители, предварительно попрятав домашнее съестное и все припасы, заявили, что, мол, о пропитании им заботиться не надо, так как от голода их спасает сама земля! После чего подвели супостатов к колодцам и щедро напоили их «дарами земли». Шокированные печенеги ушли прочь.

Однако ж и фантазия у попов-летописцев была! А как красиво и поэтично! И как по-доброму! По такому синопсису хоть мультяшку для детей создавай.

ЕВГЕНИЙ П. ПАРАМОНОВ

Я опубликовал ряд литературоведческих статей (темы: «Елизаветинская эпоха расцвета культуры в средневековой Англии», творчество Данте, Пушкина, Древнеегипетская История, Библия). Его поэтический перевод пьесы «Ричард Третий» был в 2010 г. номинирован на «Бунинскую премию». Отрывки из него в 2010 г. были озвучены на РТР (канал «Культура»), а статья об этой пьесе была опубликована в самом массовом тогда журнале «Наука и жизнь» в Мае 2008 г. Автор книг: «Новое прочтение, анализ, расшифровка и поэтический перевод оригиналов 400-летней давности; Ричард Третий, Король Лир» (в сентябре 2015 г. московская «Независимая Газета» внесла её в число пяти лучших опубликованных тогда книг). «Христос» (декабрь 1 г. по Р.Х.) (2018 г.). «The Great Mistakes of Egyptologists» (2018) и др.

ELIZABETH I, QUEEN OF ENGLAND, AND HER «BACKSTAGE MODERATOR» W. SHAKESPEARE

I have long argued that Queen Elizabeth Tudor (we know her as Elizabeth I, Queen of England) was the direct author of «Historical Chronicles» and «Historical Tragedies» that were later attributed to W. Shakespeare from Stratford-upon-Avon–see.

It should be remembered here that just two and a half years after Elizabeth's birth, the marriage of her mother Anne Boleyn to her father, King Henry VIII, was annulled, and Elizabeth was declared illegitimate and, as a consequence, ineligible to inherit the royal throne.But immediately before the reign of Elizabeth, Mary, the illegitimate daughter of the same Henry VIII, ascended the throne, and this was recognized as completely legal. That is why Elizabeth, who was placed on the throne after her, spent her entire life trying to show that she, too, was the legitimate heir to the Tudor dynasty and the reign of this dynasty was the most favorable period for England.To this end, she decided to describe in her plays the reigns of almost all previous kings over the past 350 years, starting almost 1200. And later, under the patronage of Queen Elizabeth Tudor, the Royal Troupe was created, which turned into the first London theaters. There, secretly and without indicating the true authorship, through young William, the "Historical Chronicles" and "Historical Tragedies" of Queen Elizabeth Tudor, as well as the plays of other authors from the High Nobility, which she reviewed, were successively transferred.

I DO NOT EXCLUDE THAT THE ACTORS DID NOT KNOW ABOUT THIS SUBSTITUTIONS OF AUTHORSHIP.

So William Shakespeare was just (in modern terminology) the «backstage moderator» of Queen Elizabeth Tudor, first secretly commissioned to produce a large portion of her plays on the stage of the theatre and later she secretly entrusted him with the publication of all her works. And the cunning William transferred to the troupe the plays he «backstage» received, and pretended to be the author of these plays. As a result, apart from the publication of the first few books, all the works in general that at that time he received, including "Sonnets", were published, including after the death of Queen Elizabeth Tudor, under his authorship.

"...People in the nobility had an additional reason for hiding their identities if they wrote poetry, which was considered frivolous, or plays, which were considered beneath a nobleman's dignity if performed in the public theatres. As The Art of English Poesie (published anonymously, by the way, in 1589) stated: "I know very many notable gentlemen in the Court that have written commendably, and... suffered [allowed] it to be published without their own names to it: as if it were a discredit for a gentleman to seem learned..."("Why would anyone have needed to fake Shakespeare's authorship?" by Tom Regnier, President of the Shakespeare Oxford Fellowship, 2014–2018).

The historians point out that, unlike Shakespeare, who received only elementary school liberal arts education, Queen Elizabeth Tudor was one

of the most educated women in England. She received a magnificent education and owned many languages (among them French, Italian, Spanish, Ancient Greek and Latin),Any person from the nobility who wrote a new play and also wanted to hide his authorship (see above quote by Tom Rainier), but he wanted this play to be put on the prestigious stage of the royal theatre under the patronage of Queen Elizabeth, was forced to give her this play. Queen Elizabeth Tudor reviewed this play, making corrections to it in accordance with her deepest knowledge in the field of history, art, literature, modern and ancient languages. But since these plays belonged to different authors, it is from here in the plays attributed to W. Shakespeare that there are so many stylistic coincidences with the texts of tragic and romantic Edward de Vere, Earl of Oxford, and brilliant philosopher Francis Bacon, and of other authors of the heyday of Elizabethan culture.

More see:
"Elizabeth Tudor: the tombstone for Shakespeare Authorship" by Eugene P. Paramonov (2019-07-08).

«Elizabeth I's Translation of Tacitus» is published on 29 November 2019 in the Review of English Studies.

Shakespeare Authorship Roundtable: «Early Shakespeare Authorship Doubts» (January 6, 2020)").

«Shakespeare Was a Woman...» by Elizabeth Winkler (May 9, 2023).

ПАВЕЛ КОСТЕВИЧ

Родился и вырос в Минске.

ФОРТИНБРАС
Король норвежский и датский

Пьеса в трёх действиях.

Действующие лица

Злой Герцог, исполняющий обязанности короля датского.
Магнус, внебрачный сын короля, Фортинбраса.
Лоренцо, распорядитель заседания Священного Ордена, королевский советник.
Масакр, приближенный поверенный в делах Злого Герцога.
Хмурая Герда, мать Магнуса. В прошлом секретарь Фортинбраса.
Хенрик и Томас– офицеры, друзья детства Магнуса.
Неофелия, приемная дочь Злого Герцога, невеста Магнуса.
Инга - фрейлина Неофелии.
Граф Нервный
Старый Граф
Два могильщика
Священник

Фортинбрас - Король норвежский и датский, находящийся в вечном походе.

Слуги

Место действия – Эльсинор

Синопсис:

Внебрачный сын короля Дании и Норвегии Фортинбраса Магнус, возвращается в Эльсинор, по приказу Злого Герцога.

Причины:

-Письмо от Фортинбраса, что он возвращается с дальних походов.

-Заседание Ордена с сообщением Магнусу тайны управления.

-Помолвка Магнуса и Неофелии.

Лонглайн: Злой Герцог жаждет власти, быть не наместником, а королём и устраняет всё и вся, что ему мешает.

ДЕЙСТВИЕ ПЕРВОЕ

Сцена первая

Эльсинор. Площадка перед замком. Шум моря. Ночь. Появляется караул. Двое офицеров.

Хенрик

Сегодня вроде потеплее.

Томас

Если ты про внешний холод – да.

Но стынет кровь, как только вспоминаю прошлую я ночь.

Словно в сон впадаешь, оцепеневший смотришь и не можешь двинуть пальцем.

Нет звуков, только сердце гулом, переполняет и вот-вот, боишься, лопнут твои жилы.

Хенрик

Подумать – теперь такое время, что день всех духов,

Всех душ страдающих, не знающих покоя, день такой в любое время года.

Томас

Но мы условились – никому о том не слова.

Нам скоро на войну.

Хенрик

Она теперь нам в радость и благо длится тоже круглый год,

В какую сторону страны не глянешь.

Томас

В какую глянешь, то увидишь и пределы.

В раз стали мы из стражи замка Эльсинора, пограничниками.

Страна усохла до размеров замка с прилегающими и истощенными полями.

Хенрик

Тише говори. А то мы не доедем до расположения частей.

На виновныхтеперь спрос большой, а это те, кто много думает,

А если вслух про это говорить, то лучше сразу в море.

Томас

Боюсь и это не спасёт семью. Придут, отнимут, уничтожат.

Хенрик

Грусть берёт и ужас...

Когда король покинул ради радости и счастья всего Мира своё царство,

Когда доверил улей свой он шершню, считай пропало всё.

Одни инстинкты к выживанию и полуслепое следование долгу.

Томас

Признаюсь, я перестал молиться и верить в возвращение Фортинбраса.

Нет сил на то.

Хенрик

Скорей бы в бой. Забыться в битве, пускай и за неправое, но всё же дело.

И друг мой, светляк, встречая утро, уж убавляет пламя,

Мы пережили эту тьму сегодня и злой холод,
Не встретив призраков покойных всех правителей.
Дай бог и все напасти так же мы переживём.

Томас

Пусть так. Но, кого я вижу. Народная молва не зря гласит,
Произнеси ты хоть тень смысла чёрта имени, подумай, обвинив
И тот час, он явится проверить, кто о нём судачит.
Наказан он желанием своим
Быть одиноким и несчастным.

Хенрик

Да, это он – наместник короля, Злой Герцог
Причина бед и всех несчастий нашего народа.
Пойдем проверим северную стену.

Офицеры уходят. Выстрел пушки. Утро.

Появляется Злой Герцог.

Злой Герцог

Светает. Как давно не видел ничего кроме тумана
И смога вечного, в краях наших унылых.
Одна Луна лишь светом пробивает хмурость облаков и туч.
Да звезды, а между ними Марс.
За ним Сатурн и уйма смыслов
В которых можно утопить свои усилия и решительность.
Лишь на влияние высших тел в надежде уповая
Все риски, страхи и сомнения объясняя неточностью прочтения
раскиданных пред тобою карт.
Пустое. Я хладнокровен, верю в провидениеи в своё предназначение.
Верю я своим инстинктам, предчувствиям, а страхам доверяю мало.
Разум и расчет...
И всё же Марс так светит.
Томящий душу и зовущий к бою.
И раз компания небесная, благоволит к резне,

А уж никак не к мирному существованию
Коварных и ненавидящих всех, кто вокруглюдей,
Что сделать я тогда могу?
Остановить, препятствовать законам видимой Вселенной?
Нет. Нет. И нет.
Сегодня видел сон дурной. Не спится потому.
Пришёл ко мне покойный принц.
Стоял он у кровати. Прошелся и исчез. Ушёл в окно.
Не знаю, что здесь окропить святой водой?
Стены, землю, камни, море?
Но череда с завидным постоянством
Явления покойных королей и отпрысков
Становится для жителей невыносима.
Стража, давно судачит и носит обереги.
Боятся в том признаться мне, но на то я и Злой Герцог
Что знаю многое без слов.
Что до визитов этих...
Взяли моду, являться и тревожить.
И ладно бы сказал что.
Упрекнул или навел на мысль «Что делать?»
Кому, где быть, а с кем держать себя поосторожнее.
В чем моя вина и сам я знаю – люблю я власть.
И с каждым днем её мне мало, мало, мало.
Я не рожден наследником, им я стал по року и призыву.
Наместник я и тем горжусь.
Справедливый?
Как только мысли эти и вопросы в голову взбредут
Тогда пиши пропало.
Гнать их, гнать и дальше.
Задача управляющего держать обеими руками всё что можно.
Беречь и средств не выбирая
Пресекать любые начинания и роптанья тех,
Кто возомнил себя свободным.

Подумать!

Присягнул на верность – служи и слушайся.

Не присягнул – потенциальный ты предатель.

Иноверец...

Отдай последнее для королевства и тех, кто представляет королевство.

Что трудного?

Но гость мой, призрак, сон, то полбеды.

О ней кроме меня никто не знает, а вот второе...

Вновь, не счесть в которой раз собрался, как наказание в счастье

К нам возвратится наш король, не находящий места и покоя дома в царстве.

Письмо прислал, и судя по состоянию бумаги послал давно.

Вот и думай, когда-то радости событие?

Участь Фортинбраса, являться в самый непростой и сложный час

И чтобы я не делал, как исполнитель воли и представитель власти

Как бы не старался улучшать и облегчать я жизнь

Всех жителей без исключения, останусь я в тени

И более того, в презрении и подозрении.

Смотрите, старый грешник, Злой Герцог, всё никак не утвердится.

Еще бы, бездетный он вдовец, ненавистен слугам и поданным он всем.

Никто ни разу добрым взглядом, не говоря про слово

Не оценил ни одного моего поступка.

Все ждут, что Фортинбрас вернувшись со мной он учинит расправу

Накажет, за мелкие, как вошь долги и прегрешения.

Накажет он меня, за то, что так безропотно мне подчинялись.

Да, не всё так гладко, как хотелось в нашем Королевстве.

Но кто не без изъяна под светом Солнца, что пятнами покрыто?

Умолкает. Переходит в зал с окном на море.

Цикл этот необходимо мне прервать...

Иначе, это не король – Осирис.

Снисходит, умирает, воскресает. Меж делом судит.

Так больше не могу.

Я стар, но не на столько. Я полон сил.

Могу жениться и дать потомство.

И новую династию начать. Сберег я хитрым шагом

Псевдо удочерения, красотку знатную.

Да, юность утопила она в грусти, в чаде

Что из тоски и скуки сотворён

Но разве это ли не манит стариков – обнять и успокоить.

Быть благодетелем, чего уж там, спасителем и мужем ей и люду королевства.

Отказ я не приму. Он будет словно кол мне в грудь

А лучше я прижму ее к груди и сам прижмусь по-стариковски.

Пригрею и пригреюсь.

И сухостью, без ласки, дрожащими руками

В объятиях ей дам понять – ты без меня погибнешь...

Глупышка думает, что я отдам ее за служку и бастарда

За Магнуса, которого я вынужден был растить и поучать,

Но планы все мои, после прихода призраков сильно изменились.

То знак – отправить всех туда, откуда скопом пусть приходят по ночам.

Стерплю. А Магнус должен вот как день вернутся

А там посмотрим, что выросло с него.

Уходит.

Лоренцо выходит из-за угла.

Лоренцо

Что ж это за создание такое? Чего он воплощение?

По виду человек.

Злой Герцог, что служил при старых королях.

Он дальний родственник помощника былого короля, троюродный иль больше,

Он брат по линии отца его. Он не роптал и не искал судьбу другую.

Один из преданных он слуг народа, государства.

За сохранение старины, всех правил и традиций не пожалеет никого.

Он архаичен, строг, коварен. Да, он прибрал к своим рукам все ветви власти,

Но лишь с идеей и желанием сберечь.

Всё сохранить, не дать фундамент датских королей разрушить,

Осквернить в противных измененьях.

Не по душе ему новинки, реформы, ветра дуновенья, что парус перемен

Надув, снесут корабль к рифам катастрофы.

Теперь о короле.

Фортинбрас, честнейший. Благороден.

Он защитил Норвегию родную и даже вопреки родному дяде, восстал,

Когда за честным долгом пришли грозящие датские мечи и копья.

Он спас и Эльсинор своим явлением, пускай и запоздалым.

И он не усидел на месте, ведь мир наш полон и не только тайн.

Несправедливостей и козней, когда на доброту с оскалом смотрит вероломство.

Уехав в дальние походы с целью навести везде порядок,

Наш Фортинбрас, периодически,

Он должен возвращаться.

Ведь зло не дремлет и всякий раз, как чувствует ослабший поводок, ошейник,

Всё норовит кусок отцапать пожирнее.

И побольней для жертвы.

Во благо государству, был учрежден здесь Орден.

Орден Фортинбраса. Защита и опора. Но и враги не дремлют.

Брожение всегда проходит в чане, что закрыт.

И два пути – вино иль уксус. Зависит от многих факторов, но главный – винодел.

Успеешь – быть напитку.

Не успеешь – кислятина, что в выгребную яму.

Фортинбрас...

На счастье, наше, рыцарь и мужчина видный,

И в скоротечных он побывках, не обделен был лаской женской и заботой.

И результаты ласк, то тут, то там по королевству мы находим.

Вскормив, взрастив и подготовив, мы ставим отпрысков его в главу

И Ордена, и Трона.

Без малого полсотни миль морских осталось до возвращения полу-кровки,

Сына Фортинбраса, ведающего, что есть он сын, но не наследник.

Магнус он по имени и здесь дадут ему повинность послужить.

Злой Герцог, Орден, свита и народ, все ждут. Иначе, гибель королев-ству.

И ждет еще одна. Та, что выброшена морем была на сушу.

Чудом спасена иль провидением.

Сама судьба вдруг планы поменяла и вот не став русалкой иль си-реной,

Была, как рыба вытянута сетью рыбака. Спасена.

Теперь она законная невеста, того кто будет Фортинбрасом в этот час.

И Фортинбрас, хоть с малым опозданием спешит на помощь родине и дому.

Слышим голоса. Лоренцо удаляется в темный угол.

СЦЕНА ВТОРАЯ

Входят Злой Герцог, Магнус и свита.

Злой Герцог

 Ну, повернись-ка. Так, подрос как будто.

Но не потолстел.

Взрослый взгляд, хотя искра ребенка, да, осталась.

Магнус

 Чуть не ослеп я, вглядываясь вдаль, идущую за горизонт

Где Родина моя, где славный замок Эльсинор?

Воспетый многократно, достойными сынами.

Здесь воздух легче и приятнее для легких

Для сердца и для мыслей о большом.

Злой Герцог

Не заразился ли ты заразой, тягой к описанию фантазий

И прочих глупостей бесовских?

Магнус.

Нет что вы, стихов я не пишу.

Злой Герцог

Я шучу.

И над собою тоже. Стихи писать неплохо.

Писать порой необходимо, чтобы не сойти с ума.

Когда поговорить с достойным человеком нет возможности,

Поговори с бумагой, но боже упаси поддаться главному и страшному соблазну – публиковать и обнародовать.

То блажь. Страшнейшая я повторюсь, напасть.

Как только кто прочтет, то тотчас изменится в ней смысл.

Любая пусть и крепкая, и гениальная и просто до изящества прекрасная идея, приобретает сонмы смыслов.

Тому есть доказательства – священные писания.

Нет ничего глобальней в интерпретации прочтения.

Я увлекся.

Магнус.

Я очень хорошо услышал.

Спешу заверить мыслей не было таких.

Амбиции мои в других есть плоскостях.

Служить хочу я государству.

Родному царству долг отдать и быть полезным.

Злой Герцог

До слез, но их сдержу. Ты честен и открыт, и то уже полезно.

Магнус.

Вы проницательны, хоть и старался я

Романтику всю выжать словно воду с ткани.

Быть серьезным и заниматься лишь серьезными вещами.

Помимо перьев и чернил,

Я долго упражнялся на мечах и в изучении отношений денег.

Без звона в сундуках, править, управлять, в мире невозможно.

Нечем и некем.

Злой Герцог

Приятно видеть, что муштра и добросовестное прилежание,

Не превратили тебя в книжного червя.

Чему ещё ты научился за три года?

Магнус

Главному мой Герцог. Ничему не удивляться.

Злой Герцог

Ого. Умение и знание твое очень велико.

Магнус.

Погодите вы смеяться.

Злой Герцог

Нисколько. Я этому искусству учусь последние полсотни лет.

Местами преуспел, но в общем я школяр,

И зачастую нетерпеливый, и спесивый.

Искусство — это ключ ко многим тайнам.

Оно нам помогает достичь тех целей, о которых мы не знаем

И о которых нет написанных страниц,

Хоть собери ты книги всего мира.

Магнус

Сейчас счастливее я стал и главное спокойней.

В начале, честно, показалось мне, что вы меня ругать позвали,

Из мысли, что напрасно посылали на учебу.

Потратив на меня изрядное количество и денег, и души.

Злой Герцог

Приятно вновь, что понимаешь ты такие тонкие моменты.

Теперь, давай, с дороги нужно отдохнуть, переодеться и вечером я жду тебя на ужин.

Грядут большие перемены и события, к которым я как мог тебя готовил.

В том числе и на учебе.

Магнус

Не представляю, как вся арифметика, знание созвездий хода,

Философских формул и даты исторических сражений,

Помогут мне в таком важнейшем для королевства деле?

Злой Герцог

Не волнуйся. В университете тому никак не обучиться,

Но без таблицы умножения не перейти к подсчетам и законам

Высших сфер и целей.

Мы с букваря все переходим к главной книге - жизни.

Магнус

Вновь стало легче и спокойнее. Считать или читать умею без запин-

ки.

Злой Герцог

Тебе грядёт взять в руки что-то посложнее книги.

И главное приятнее.

Читать и одновременно писать её ты будешь

Пока слепая смерть с косой, не разлучит вас

И не отправит тем, брак ваш в вечное медовое скитание.

Магнус

Мой Герцог, вы так затронули тревожную и непростую тему

Что стало даже интересно.

И захотелось мне увидеть суженую.

Предстать пред ней в лучшем свете и наконец нам познакомиться.

В ваших письмах, что я читал о вашем мне наказе.

Злой Герцог

Ну, скажешь тоже, наказе.

Отцовской просьбе, в качестве заботы.

Магнус

Теперь хочу увидеть поскорей невесту.

Я готов, и, если нужно, заранее даю ответ свой: да.

Ваша просьба и забота для меня не к рассуждениям

Они единственное - к исполнению.

Злой Герцог

Отлично, отдыхай. Успеем. Увидимся мы скоро.

Уходят. Из угла появляется Лоренцо.

Лоренцо

А Магнус? Как вам? Мне показался он немного... льстец.

Двуличен? На то похоже. Об этом говорит картинка.

Пред Герцогом он Злым прикидывается простачком

А сам лишь хочет всё узнать.

Во-первых, зачем так срочно вызвали из университета?

Во-вторых, зачем охрана? Чтобы не напали, или чтобы не сбежал?

И если предположения его верны, хочет знать он правил свод.

Смысл представлений и главное,

Поком скучает, чахнет, увядает Неофелия.

Она призналась – покойного принца не любила.

Топилась, да. С тоски. Ни капли не жалеет.

Но спас ее, предполагаем, Фортинбрас, смелый и отважный.

Как успевает он?

Как не любить такого милого и нежного ловца?

Он всеми навсегда любим. А я в полутенях и сумерках и главное, как жених, как партия, я незаконен.

Ну, может лишь чуть-чуть.

Злой Герцог, уставший от цикличности, желает запустить

Финальный Акт спектакля,

Мечты его мы услыхали – это суть.

По форме, он обратится вновь ко мне. К кому ж еще?

Советнику и славному организатору досуга

И официальных встреч и заседаний без лишних и ненужных пред-
рассудков.

Цель спектакля, представлен будет что Ордену в четверг

На свет явить предателя, казнить немедля и передать спасителю права и функцию....

Себе, конечно, Злому Герцогу, преисполненному благих, благих желаний.

Появляется Неофелия. Проходит молча на заднем плане.

Лоренцо
Девушка в благородном платье, выловленная из моря рыбаком,
Не помнит кто она, откуда.
Уже в годах, но также хороша.
Как в янтаре застывший, чудный мотылёк, и словно тот янтарь растаял
Явилась к нам и позабыв увять
Медленно порхает, в недоумении: где я?

Любуется Неофелией. Появляется Злой Герцог.

А вот ее преклонный покровитель.

Неофелия встречает Злого Герцога. Беседуют.

Лоренцо
Злой Герцог, делает вид, что мною не раскушен.
Зачем? В чём смысл этой роли?
Развязка вся в конце. Заклание. Хитрейшего из хитрых.
Но правила главней всего.
Во-первых, выбрать.
Во-вторых, признаться.
В-третьих вскрыться
И вонзить кинжал.
В-четвертых... выбрать кто что сделает из перечисленных слагаемых.
Три с половиной акта, четырех углов стенанья.
Ветра гул и заклинаний шепот.

Неофелия приближается к Лоренцо.

Но что с того несчастной девушке
Не получившей от желанного чуть меньше, чем есть ноль.
Простилась с миром и в нём осталась.

Лоренцо уходит в угол. Виден в половину.

Неофелия
Как утомляет быль фальшивой в благодарности.
Мёд превращается весь в дёготь
Когда его сбирают осы, а не пчёлы
А ты пособница и соучастница.
Но как же быть? Попробовать опять топиться?
Это даже не смешно.
Лекарство нужно понадежнее.
Да и сначала нужно точно вспомнить повод.
Причину.
Если она не внешняя, а здесь, в районе сердца
По крайней мере, там оно должно ведь быть.
Как тяжело…
Меня не приняло забвение,
Проклятие быть живой и одинокой посреди толпы.
Один герой жених, сражённый ядом и тщеславием, что тот же яд,
Но действует масштабней, погиб, оставив на прощание горечь дум,
Воспоминаний дым и ряд сомнений.
Второй герой жених, подарок главный преподнес – свое исчезнове-
ние. Накануне свадьбы и помолвки.
Избавил от рутины он семейных драм
И монотонных будней.
И вот я в вечных девках у вечного обрыва.
Куда себя подать и чем занять себя?
Как принести мне пользу и найти немного смысла?
Нарушить ход традиций.
Сюрприз для Ордена – взять и отравить мне Герцога
В моменте главного события.

Да, глаза их будут выражать недоумение.
А после и самой решиться наконец.

Лоренцо выходит из тени угла.

Неофелия
Здравствуй милый друг.
Лоренцо
Вот как, когда же я стал так мил?
Неофелия
Как часто я тебя не понимаю.
И главное, к чему такой надменный?
Слова используешь, где смысл непонятен.
Лоренцо
Хвастлив, высокомерен. Так?
Неофелия
Остановись.
Лоренцо
И эти выражения: Вы не поймете даже половины, но после
Станет ясно – я был прав. Каков?
Неофелия
Вот ведь странность, с тобою груб тот
К кому готова ты довериться.
Попробую я по-другому.
Сменим тему.
Ты видел Магнуса?
Лоренцо
Да, издалека. Он отдыхать отправился с дороги
А я готовить представление.
Неофелия
Я знаю, которое решит судьбу нас всех.
А что же будет дальше?

Появляется Инга. Слушает.

Лоренцо

То вижу я нечетко. Возможно ничего, и этот вариант отбрасывать не нужно.

Бывают ничего такие, что жить терпимо.

Но часто нестерпимо, когда излишек есть.

Инга (шёпотом сама с собою)

О, если б небо дало мне возможность

Я б утопила вас обоих.

Как слушать то, что болью разрывает тебя всю?

Неофелия

Ушел ты от ответа.

Лоренцо

Как часто объясняют мне мои поступки. Напрасный труд.

Представь хоть на мгновение

Что я смотрю на вещи по-другому.

И главное, их вижу я во всех цветах и красках

А большинство лишь в черно- белой гамме.

При этом учат видеть.

Неофелия

Ты видимо решил, сегодня оторваться.

Решил проверить, сколь долго не порвется нить

Той тонкой дружбы.

Лоренцо

В этом и проблема. Дружбы.

Инга (шёпотом сама с собою)

Ей скоро триста лет, она ведь пахнет тиной.

И только я не раз, не два, купая её в ванной

Вижу – ведьма. Как можно, будучи ровесницей ушедших королей

Ходить кривляясь в девках, сводить с ума красивых, юных.

Здесь лишь костёр ответом должен быть.

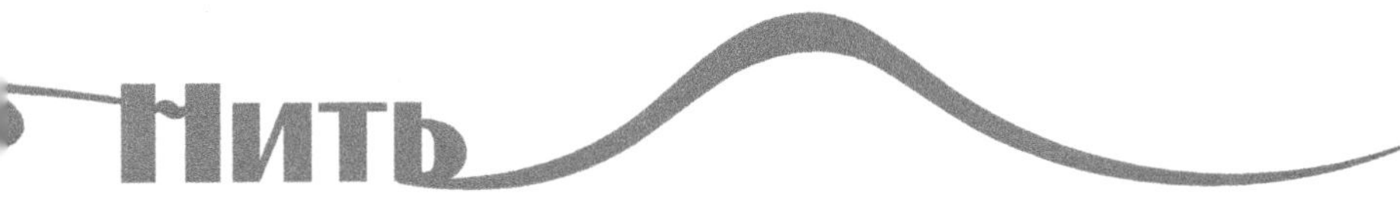

Неофелия

Мы объяснились.

Я суждена другому и сердцу я своему не властна.

Лоренцо

Мне от того не легче.

Я просто продолжаю свой затянувшийся концерт.

При этом помня, что играть на инструменте, не умея – издавать лишь скрежет.

А объяснять без понимания предмета – еще хуже.

Выходит Инга.

Инга

Сударыня, время принимать лекарство.

А после ванну и чай, и прочее, что делает вас еще красивее, моложе.

Неофелия

Спасибо милое дитя. Что без тебя я б делала.

Нет ближе мне подруги.

Неофелия(Лоренцо)

Мой друг, довольно. Предлагаю разойтись на время и оставить препиранья. Иначе, пропасть шире, и потеряем даже дружбу.

Неофелия берет Ингу под руку. Уходят все.

Берег. Рыбак готовит снасти. Появляется Магнус.

Магнус

Боги моря в помощь.

Рыбак

Благодарю монсир. Справляюсь сам.

Магнус

Ну, какой же я монсир, тем болей вам.

Рыбак

Такой монсир, что по невзрачности костюма, своим лишь взглядом освещает берег.

Вас можно брать с собой на лодку.

Вы будете тем фонарём, что принимают рыбы за Луну и подплывают ближе к сети.

Магнус

Почётно, но, пожалуй, воздержусь. Да и не время для Луны. Хотя и дня не видно.

Так быстро рассвело. Здесь очень чудный цикл Солнца.

Рыбак

Сказать по правде, просто цикл. Светило видим редко, и на часы не смотрим. То напрасно.

Есть страны, в которых ночь полярная светла, у нас в краях она чернее дна колодца. Утро и сразу сумерки.

За завтраком бежит к нам ужин. И главное успеть, а то голодным встретишь долгую ты ночь.

Магнус

И кто подобный изобрёл здесь график?

Рыбак

Понятно кто – любезный Злой наш Герцог.

Магнус

Но в детстве помню, было по-другому.

Рыбак

Нет. Воспринимали просто по-другому. Вы не готовили обед и не искали из чего собрать вам ужин.

Вас мать так видимо любила, не посвящая в трудности и сложности хозяйства.

Магнус

Теперь придётся или привыкать или поменять мне график. Не понимаю правда как?

Рыбак

В сутках двадцать с хвостиком часов. И хвостик этот просит кушать.

Выход – его не замечать. То, что не можете исправить, приходится принять, как есть и с этим жить.

Магнус

Вы ведь моряк?

Рыбак

Так точно. Капитан без судна. Наш флот давно уже не флот.

Приходится довольствоваться мне тем, что любить море с берега и лодку, что отплывает не дальше броска камня.

Магнус

Это вы ведь выловили девушку по имени...

Рыбак

Постойте друг мой. Я не про всё могу здесь говорить. Простая жизнь моя, пусть длится хоть еще немного.

Магнус

Простите.

Рыбак

Я пойду. Мне нужно ужин свой ещё добыть.

Рыбак готовит снасти.

Магнус

Так наблюдающий на площади, во время представления шутов-артистов

Смеётся, ест, и думает, что как ему всё ж повезло, что он не шут.

Уж он то знает толк и главных правил жизни список.

Он не какой-то дурачок и перед публикой плясать, кривляться ни за что не будет.

И в мыслях этих пребывая, не ведает, что смотрит смысл этой самой жизни.

Что выжимку с всего и ярко, ему показывают кадр за кадром.

И хитрость правил в том, чтобы серьезно это не воспринять.

Похохотав идти работать и страдать.

А если вдруг канатоходец славный и свалится к великой радости толпы

То дождь омоет мостовую и завтра на натянутый канат взберется новый вольнодумец.

Круг замкнётся, хоть никогда и не был кругом.

А чем же?

Я сказал об этом выше. То канат. Из вечности он в бесконечность проложил дорогу и нужно всем идти, иначе в пропасть.

Грустно.

ТАТЬЯНА ЛИНЧИК

Специалист по раннему развитию ребенка по методике Монтессори. Биолог. Мама троих детей.

Автор книги «Мама, я тебя люблю. О внутренней силе и бесконечной любви».

Создатель информационного проекта ПРО HLH о редком заболевании крови.

МАМА, Я ТЕБЯ ЛЮБЛЮ
О ВНУТРЕННЕЙ СИЛЕ И БЕСКОНЕЧНОЙ ЛЮБВИ

Вечером тридцать первого декабря, когда большинство семей уже закончили приготовления и навели в домах порядок, надели праздничные наряды, накрывают на стол или уехали в гости, мы с мужем надели самую обычную повседневную одежду и вышли из дома. По пути решили, что в праздничный вечер было бы правильно что-то принести дежурной бригаде реаниматологов и купили красивый деревянный ящичек с мандаринами. Зеленые листочки на веточках и яркие оранжевые плоды выглядели торжественно и жизнеутверждающе. Мы искренне желали самого лучшего докторам. И были благодарны всем им за то, что нам разрешат побыть в эту ночь у кроватки нашего сына.

В одиннадцать часов вечера мы поднялись по лестнице к отделению реанимации, дождались, когда откроется неприступная железная дверь, и вошли в длинный коридор, который вел к палате Платона.

В одноразовых костюмах, бахилах и шапочках мы сидели на стульях у его кроватки. Пикали мониторы, шумел поршень аппарата искусственной вентиляции легких, время от времени жужжал прибор для постоянного измерения давления.

ВАЛЕРИЯ СТРЕКАЛОВСКАЯ

Валерия Стрекаловская — эксперт по вдохновению и раскрытию смыслов. Автор книги Правда SKAZKI для душевного разговора родителей и детей о вечных ценностях.

Соавтор четырех сборников рассказов и пяти сборников сказок.

Финалист XII Open Eurasia Super Cup в жанре детской прозы.

СКАЗКА ПРО КАШЕЛЬ

Это был высокий сухощавый гражданин, всегда элегантно одетый. С неизменным шерстяным кашне на шее. Его звали Кашель.

Однажды господин Кашель сел в трамвай, чтобы добраться в гости к милой Микстуре, у которой был день рождения. И как это бывало не раз, разразился кашлем в самый неподходящий момент. Хотя с его точки зрения он все сделал правильно.

Кашель громыхал каждый раз, когда рядом с ним оказывался человек, пахнущий чесноком в общественном месте.

А пассажиры стали возмущаться все громче и громче:

— Какое неуважение!

— Немедленно покиньте трамвай!

— Да у него грипп, он нас всех заразит!

И только пятилетний малыш внимательно посмотрел на Кашель и протянул ему свою бутылочку с питьевой водой.

Кашель с благодарностью сделал глоток воды и перестал кашлять.

А малыш, повернувшись к маме, сказал:

— Помнишь ты читала мне, что при кашле очищаются легкие?

В трамвае воцарилась тишина. Такая громкая, что все услышали как бьются их сердца, наполняясь мудростью и здоровьем.

ЕЛЕНА МАКАРОВА

Елена Макарова - автор сказок и стихотворений для детей.

В 1993 году закончила филологический факультет Ташкентского Государственного университета.

Преподавала русский язык в Ташкентском Педиатрическом Медицинском институте, а в данное время ведёт индивидуальный частный «курс русского языка для иностранцев». Стихотворения и сказки Елены Макаровой неоднократно публиковались в газете для детей Узбекистана «Класс!».   В 2018 году выпустила сборник стихотворений «Папа, мама, брат и я». В 2020 году была издана сказка «Комарик», переведённая на узбекский и английский языки. В 2021 году вышел в свет сборник стихотворений «Свой ребёнок». В 2022 году он стал победителем конкурса «Лучшая книга» в номинации «Лучшая творческая работа» (г. Ташкент. Агентство по делам молодёжи.)

ЖУК - НОСОРОГ

В лесу под старым пнём жил Жук. Жил он один. Насекомые, живущие неподалёку, даже не догадывались о его существовании.

Это потому, что он выходил на прогулку только по ночам. Жук стеснялся своего рога. А рог у Жука был прямо на носу. Представляете? На носу большой рог!

Жук думал, что если он выйдет на прогулку ночью, то в темноте никто не сможет разглядеть его недостаток. Он не хотел, чтобы жители леса смеялись над ним.

И вот однажды, дождавшись появления луны на небе, он выполз из своего жилища. Стряхнул с себя сухие кусочки трухлявого пня. Расправил своё тело и полетел. Во время полёта он усиленно работал крылыш-

ками и получался громкий звук «Жу-жу-жу!».

Пролетев несколько метров он увидел перед собой лежащее на земле дерево. Это была берёза. Она сломалась от сильного порыва ветра.

Жук не сразу увидел Кузнечика, которого придавило к земле веткой упавшей берёзы.

Жук-носорог поспешил спуститься. Нужно было скорее помочь Кузнечику освободиться из-под тяжёлой ветки дерева. Ведь всё его тело было засыпано берёзовыми листьями!

Смелый Жук не растерялся и, в этот момент, даже не вспомнил о своём странном носе. Твёрдым рогом он принялся отбрасывать в сторону тяжёлые листья, покрывавшие Кузнечика. Кузнечик открыл глаза. Увидев Жука он нисколько не испугался.

А даже радостно улыбнулся.

Потом Жук приподнял ветку упавшей берёзы и Кузнечик смог выбраться на свободу. Он долго благодарил своего спасителя-Жука.

А Жук был тоже очень рад, что смог кому-то помочь. И что его рог не напугал нового знакомого, а принёс пользу.

В этот момент он заметил, что ножки у Кузнечика были как то странно выгнуты в другую сторону...

«Мы все разные!»- подумал Жук. Самое главное иметь доброе «красивое» сердце!

ИРИНА ГУРКОВА

Пишу уже много лет. Сначала писали словари и книги по русскому языку для детей (опубликовано около 50 словарей и пособий для младших школьников), потом- детские стихи (вышло уже 7 книг), а в последнее время стала писать сказки.

ЖИЛ-БЫЛ ЧЁРНЫЙ КОТ
Сказка

Моему сыну Александру Гуркову посвящается

МОЕ ДЕТСТВО

Привет, я черный кот, сейчас меня зовут Черныш, и я живу у добрых хозяев. А когда я был котёнком, меня звали Васей и жил я в семье, где был мальчик Вова – вредный и злой. Взяла меня его мама, чтобы он стал добрее. Так она думала, но он не стал: то за хвост схватит, то за усы. А один раз схватил меня и усы обстриг! Я заорал и укусил его. Хозяин меня стукнул, а хозяйка ругала меня. И стал я думать, как бы убежать от них.

НА ДАЧЕ

Весной поехали мои хозяева на дачу и меня с собой взяли. На даче было здорово: бабочек и птиц столько! Я весь день бегал, вечером вернулся – нет никого, уехали хозяева без меня, и хорошо.Стал я жить один на их даче. Когда мышь поймаю, когда – птицу. Только все равно есть

хочется. Сижу однажды на траве, и тут вдруг какая-то большая мышь с полосатой спинкой бежит по дорожке (потом Саша сказал – это бурундук). Я – за ней, а она – прыг на дерево, и я – прыгнул. И вдруг с треском упал за землю. Вижу: сидит тётя с мальчиком. Он сразу мне хлеба бросил, а тётя сказала: «Кошки хлеб не едят!» Сытые – не едят, а я был голодный, раз – и съел. Она засмеялась и принесла мне колбасы!Вот это да! Добрые какие! Я сразу решил: буду у них жить, к хозяевам не вернусь. Мальчик говорит: «Назовём его Черныш: он весь черный, только лапки белые и на мордочке белое пятно».Так я стал Чернышом, и началась у меня новая жизнь. А они стали для меня семьей, я стал звать мальчика Сашей – так она его называла, а ее - мамой. Так Саша ее называл.

ПОБЕДА

Спал я под крыльцом: в доме мне было душно. Однажды ночью прибежал огромный белый кот. Я сразу понял - будет драка. Он страшно выгнулся, шерсть дыбом, и идёт на меня. А дом-то мой, и место здесь – мое! Я тоже заорал, хвост поднял, бросился на него и вцепился когтями. Покатились мы клубком, он мне ухо рвёт, я ему морду царапаю. Он от боли завыл и убежал. Так я стал победителем и хозяином дачи и всей улицы!Больше никаких котов и близко не подпускал.Правда, ухо он мне все же порвал. Саша меня погладил, а мама чем-то шипучим ухо полила, чтоб оно сильнее не разболелось. Больно было, но я терпел. Я же сильный кот!

МЫШЬ В ДОМЕ

В домик я редко заходил, что там делать? Однажды сижу на крыльце и слышу: мама как закричит! Я бегом в домик, вижу: она на диване сидит, ноги поджала и кричит, а Саша под диваном шваброй возит и говорит: «Мам, мышь убежала давно! Чего ты боишься!» Я так понял: мама мышей боится, ну не странно ли? Такая большая и мышей боится? Раз боится – надо спасать, ведь я-то мышей не боюсь, это они меня боятся. Вот Саша думает, что мышь убежала, а я слышу: шуршит она, дышит под диваном.

Слух ведь у меня лучше, чем у людей. Я мышь слышу, а они нет. А еще я её по запаху чую. У меня и нос, и усы есть, не то, что у людей один нос!Ну, я и полез под диван, схватил мышь и вытащил. Придушил её маленько: то отпускаю, то хватаю, чтоб мама с Сашей поняли, какой я отличный мы-шелов. А мама говорит: «Черныш, унеси ты эту мышь в сад! Что ты с ней в кошки-мышки играешь!» Я подумал: ничего я с ней не играю, какая же это игра? Я ее поймал, а не играл вовсе! Этих людей разве поймешь?

КРИК НОЧЬЮ

Ночью сплю под крыльцом и вдруг от крика проснулся. Опять мама в доме кричит. Что случилось? Бегу узнать. А она чуть не плачет: «Сы-нок, по мне мышь пробежала! Включи свет, прогони ее!» Саша вскочил, пробует свет включить, а он не включается почему-то. Саша и говорит: «Мам, наверное, электричество опять вырубили, не включается!» А мне и не нужно никакого света. Я в темноте вижу, как днем, и прыг под диван - мышь опять там! Сидит, глупая, притаилась,думает: ее никто не видит в темноте. А я-то ее хорошо вижу, как прыгну, цап - и поймал. Саша говорит: «Ух, ты, молодец Черныш. Как он ее увидел в темноте? И почему у него глаза светятся зеленым?» А мама отвечает: « Все кошки в темноте видят, а на дне глаза у него особое вещество, как на чешуе у рыб: оно свет отражает, и глаза светятся». Интересно, я и не знал, что они у меня светятся! Но, думаю, мама не все знает, не у всех кошек они светятся. Сколько я их днем гонял – не видел, что светятся! Вот я какой особенный кот, повезло им со мной!

В ГОРОД

В конце лета мои хозяева собрались уезжать с дачи, а я спрятал-ся под крыльцом и ждал. Мама не хотела меня брать, а отговаривалась: «Может, у него хозяева есть, может, они его искать будут». А Саша просит: «Мамочка, он такой хороший, погибнет он тут один!» Но она все головой качает. Тогда Саша ей сказал: «Ты что, мышей не ловишь? Он же все ле-то у нас живет: никто его не ищет. Не возьмём – и я не поеду!» Я удивился:

«Ясно, что мама мышей не ловит: ведь она не кот и не кошка! Сашу я иногда совсем не понимаю.Маманаконец согласилась, и мы вместе поехали в город.В городе мне сначала не понравилось. Собаки кругом, во двор не выйдешь, лают и укусить норовят. Потом привык, хотя в квартире тоже было много непонятного.

НОВЫЙ ВРАГ

А однажды – иду мимо шкафа и вижу: в нем какой-то страшный черный кот появился, когда я в него смотрел. Я на его рычу, и он рычит, я спину выгну – и он тоже! Лапой его ударю, а он –меня, и не убегает! А Саша говорит: «Да это же зеркало, а ты в нем отражаешься – нет там никакого другого кота!»Так я от Саши много интересного узнал: и про то, почему коты мышей ловят, почему мы похожи на тигров или леопардов, что наше семейство называется «кошачьим». Правда, я не очень ему поверил. Как это: я и тигр – одна семья? Да он бы меня одной лапой стукнул и съел бы сразу! Думаю, Саша еще мало чего знает, ведь он только в первом классе учится!

НОВЫЙ ДРУГ

Однажды Саша пришел домой и говорит: «Мам, у нас в подъезде котёнок беленький, жалобно так мяукает, наверно, выбросил кто-то, давай возьмем!» А мама отвечает: «Может, просто потерялся, сначала по квартирам походим, спросим, а потом думать будем». Долго их не было, потом пришли оба невеселые, и Саша сказал: «Мам, ну никто его брать не хочет, погибнет он в подъезде один, он же маленький совсем! Пусть у нас поживет, а я объявления в соседних домах расклею, может, кто-то его возьмет?» Принес Саша этого котенка, я шерсть вздыбил, хвост поднял и иду на него. А он чуть больше мыши и жалобно так запищит. Жалко мне его стало: пусть живет, много-то не съест. Постелили ему в углу, а ночью он ко мне приполз, дрожит. Страшно ему и холодно. Ладно, пусть спит со мной. Утром котёнок мне нос лизнул. Так мы подружились. Он подрос, стали мы вместе играть: то в мячик, то птиц с подоконника гонять, то в догонялки. А что? Даже весело. А то раньше – Саша в школку уйдет, а я сижу один, скучаю. А теперь мне не скучно, у меня друг есть!

НОВАЯ УЧЕБА

Однажды Саша пришел из школы невеселый и говорит маме: «Нам задали стихотворение перевести с английского (школа-то у него была какая-то английская!), чтобы в стихах. Я не смогу, точно двойка будет!» Мама прочитала его и говорит: «Давай вместе попробуем! Оно же про чёрного кота! Про нашего Черныша!»И она читала про себя, потом писала и стала читать вслух:

> Днем у черного кота
>
> Не глаза, а красота,
>
> А ночью у котищи
>
> Зелёные глазищи!
>
> Днём я с котиком играю,
>
> Молоком кормлю, ласкаю,
>
> Ночью, я хоть и не трус,
>
> Своего кота боюсь!

Раз про меня – я сижу,слушаю. Здорово! Мне понравилось! И Саше тоже, он повеселел. На другой день приходит и улыбается: «Мама, я пять за стихотворение получил!» А она засмеялась и говорит: «Значит, и я тоже!» А я думаю: «И я получил пять: стих-то про меня!»

Так мы вместе радуемся, учимся и живём. Нам хорошо вместе, мы любим друг друга. А что еще будет интересного, потом еще напишу. Пока!

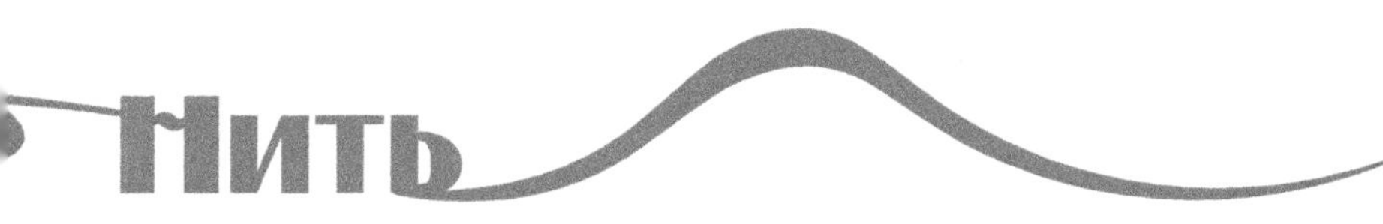

ЛАЗЗАТ САМРАТ

Живу в Алматы, Казахстан. Пишу поэзию с 14-ти лет, прозу - с 34. Мои увлечения - кухня народов мира, классическая музыка и литература, плавание и ходьба.

МЕДВЕЖОНОК СТЕПКА И ЕГО ДРУЗЬЯ. ИСТОРИИ ДЛЯ САМЫХ МАЛЕНЬКИХ. ПРОДОЛЖЕНИЕ

Как-то Медвежонок гулял по лесочку и увидел, как Волчонок играет с мячом. Степка подошел и сказал:

- Волчонок, давай вместе поиграем.

Волчонок смутился, взял мяч и пошел в свой домик. Он очень радовался своему кожаному мячу и ни с кем не хотел делиться. Он думал, что мяч порвется и сдуется. И положил его в буфет.

Волчонок был несколько одинок. Он ни с кем особо не сходился. Ведь он так и не научился считать и писать. И ему было стыдно и обидно, ведь все научились – и Лисенок, и Зайчата, и бобры!

Как-то Волчонок пошел к ручью и увидел, как Медвежонок Степка и Медвежинка Роза ловят рыбу. Он подошел к ним. Медвежонок сказал:

- Волчонок, возьми удочку и лови рыбку с нами, видишь, ее много.

Волчонок обрадовался и стал ловить рыбу вместе со Степкой и Розой..

МИХАИЛ АНАНОВ

Поэт, переводчик поэзии, прозаик, драматург, литературовед, журналист, публицист.

Председатель экспертного Совета по поэзии Евразийской творческой Гильдии, (Лондон). Член Союза писателей Грузии. Член Пушкинского общества русскоязычных литераторов «Арион». Член Союза армянских писателей Грузии «Вернатун». Член международного клуба фантастов Крыма «Фанданго». Член Союза писателей Северной Америки. Участник литературоведческих конференций, поэтических фестивалей и творческих вечеров. Выступал с докладами по сонетным ассоциациям на международных симпозиумах Школа Сонета, и на конференциях с докладами по анализу сонетов с позиций диалектики его канонов, а также с литературоведческими работами по анализу поэтических текстов и по теоретическим аспектам в поэтике.

Дипломант V Международного Форума «Золотой Витязь». Обладатель ордена святого Илии Чавчавадзе. Лауреат различных литературных конкурсов.

СТРАШНО

Вечером, когда стемнело, мама пошла к соседке, чтобы принести Мишеньке кукурузных палочек. Ему они очень нравились.

На некоторое время ему пришлось остаться дома одному. Это очень страшно, когда ты один, потому что тогда кажется, что рядом с тобой кто-то есть. Кто-то ходит вокруг тебя такой косматый и ужасный, но невидимый. И вот-вот он скинет свою шапку-невидимку и появится перед тобой страшный-престрашный, как настоящий домовой.

И Мишенька сидит и ждёт, когда же этот невидимый и ужасный

появится и напугает его. Но ещё больше он ждёт, когда придёт мама и принесёт ему кукурузных палочек. Он даже готов поделиться ими с этим домовым, только бы тот не пугал его. Наконец, раздаются знакомые шаги, и Мишенька бежит к двери.

Это мама!.. Она принесла ему кукурузных палочек. Мрачное настроение быстро исчезло, и Мишенька сразу же повеселел.

– Ура! – крикнул он. – Теперь у меня есть занятие на вечер.

Мишенька сидит на диванчике, уплетает одну за другой палочки и думает: хорошо, что я не обещал домовому палочек. Теперь все палочки мне достанутся. А его я уже совсем не боюсь.

ЭЛИНА ХАИМОВА

Элина Хаимова, родившаяся в Баку, Азербайджан, переехала в Германию в пятилетнем возрасте, где позже изучала бизнес и экономику. Сейчас она работает менеджером по маркетингу в Лондоне и является членом Ассоциации женщин Азербайджана в Великобритании. Элина также проявляет свою страсть к творчеству. В 2024 году она самостоятельно издала детскую книгу, которая учит важным урокам доброты и благодарности. Её образовательная книга обогащает умы молодежи по всему миру, делая её любимым автором и уважаемым профессионалом.

НАЛА УЧИТСЯ ДОБРОТЕ И ДЕЛИТЬСЯ С ДРУЗЬЯМИ

Жила-была веселая маленькая русалочка по имени Нала. Она была одаренным собирателем сверкающих сокровищ, от ракушек до переливающихся жемчугов с морского дна. Но среди всех драгоценностей, которые Нала дорожила, был один бесценный камень, который превосходил их всех – её доброе сердце.

Однажды солнечным днем, когда подводный мир сверкал на солнце, у Налы возникло желание поделиться своими сокровищами с друзьями. Они были счастливы и восхищены её щедростью. Её доброе сердце светит ярче любого драгоценного камня и учит важному уроку о магии дележки и дружбы.

ЮЛИЯ СЕРЕБРЕННИКОВА

Юлия Серебренникова живёт и работает в Москве. Консультант по оргразвитию в вопросах образования, науки и культуры; экс-председатель Попечительского совета СРО психологов и психотерапевтов России. Автор журнала «Наука и религия» и цикла популярных лекций «Феномен творчества».

РАДУГА И ЭПИФАНИЯ

Радуга – маленький художник, лето он проводит на даче в небольшой сибирской деревне. Деревня располагается в удивительном месте заповедной тайги на берегу реки с именем Тара. Эпифания – подруга Радуги, она – мечтательница.

Радуга любит, сидя на высоком берегу Тары, выдувать мыльные пузыри и любоваться живописной игрой света на поверхности пузырей. Сегодня на одном из пузырей – в слиянии Красоты и Солнечного Луча появилась Жизнь. Так обычный мыльный пузырь стал Радужным шаром.

Там, где появляется жизнь, тут же появляются философы, поэты и художники. Философы сразу разделяются на группы, чтобы вести свои споры о смысле жизни и причинах ее возникновения. Поэты и художники воспевают жизнь в своем творчестве.

Радужный Шар, на котором появилась жизнь сегодня, был принят Белым Облаком и устремился в Небо, к Прекрасному Солнцу! Радуга и Эпифания провожали счастливыми улыбками это Дитя Красоты.

Интересно, а кто-нибудь из жителей Радужного Шара станет выдувать мыльные пузыри?

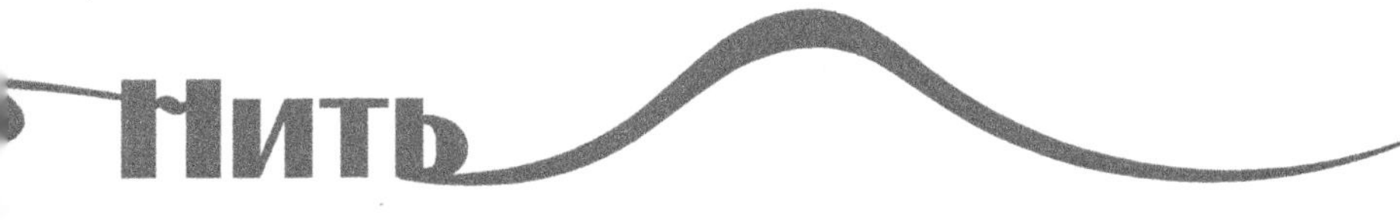
Нить

ISBN 978-1-910886-85-4

В твоих руках необыкновенная книга. В нее вошли произведения литераторов, проживающих в Беларуси и России. Среди авторов – люди старшего поколения литераторов, известные мастера слова, лауреаты Национальной литературной премии Беларуси, престижных республиканских и международных литературных премий, чьи произведения печатаются и звучат во многих странах, переведены на многие языки. Представлены здесь и талантливые молодые поэты. А также дебютанты, которые делают свои первые шаги в большую литературу. В том числе и лауреаты литературной премии Ассоциации защиты интеллектуальной собственности «БелБренд», которая активно открывает и поддерживает молодые таланты Беларуси.

Безусловно, все авторы этого издания разные по уровню таланта, творческой манере, мировосприятию...

Но всех их объединяет истинная любовь к творчеству, созидательная жизненная позиция, горячее желание быть услышанными читателем, умение в обычном увидеть необыкновенное, в земном – неземное, поделиться своей влюбленностью в жизнь, верой в добро и красоту. Многие из них принимают самые активное участие в литературной жизни, общественной работе.

Евразийский литературный сборник «НИТЬ» – новый проект Евразийской творческой гильдии. В этом году он выходит в партнерстве с белорусской Ассоциацией защиты интеллектуальной собственности «БелБренд», и станет ежегодным изданием.

В сборнике представлены произведения членов и друзей Евразийской творческой гильдии, некогда объединенных одним общим культурным пространством – странами бывшего Советского Союза.

Работы авторов объединяют общие темы, присущие творчеству народов Евразии, которые чтят традиции своих предков, свои корни, тяготеют к природе. В мелодичной и мягкой поэзии и прозе, передающей всю душевность наших народов, отражена бесконечная любовь к своей земле, красоте родной природы, философия восприятия окружающей действительности.

Талантливо заключенные в лирические строки мысли, образы, воспоминания, предвидения, эпизоды частной жизни выражают красоту души народов Евразии, демонстрируют, что в современном динамичном ритме жизни есть место для духовности, доброты, любви, творчества, желания жить и наслаждаться, созерцать совершенство созданного природой окружающего мира.

ISBN 978-1-913356-06-4

Это издание – третья книга в серии Евразийских литературных сборников «Нить». С 2018 года в сборник вошли произведения более пятидесяти авторов из одиннадцати стран.

В этой книге авторы из Беларуси, Великобритании, Израиля, Казахстана, России, Узбекистана, Украины делятся с читателем своими чувствами и воспоминаниями, восприятием реальности и волшебными сказками.

Евразийская творческая гильдия поддерживает творчество во всех его проявлениях. В этом сборнике читатель найдет и прозу, и поэзию, и тексты песен, и научный подход к сохранению мира и окружающей среды, и даже активную гражданскую позицию автора. Такие разные по своему стилю и характеру работы авторов – членов Гильдии, представленные в этой книге, объединяют любовь к родной земле и природе, собственная философия восприятия окружающей действительности. Особое место в сборнике занимают пронзительные работы старшего поколения, не позволяющие молодым забыть ужасы войны ради сохранения мира и благополучия, такого хрупкого сегодня, любви и дружбы.

По-прежнему, работы старшего поколения соседствуют с многогранным и жизнеутверждающим творчеством молодых авторов.

ISBN 978-1-913356-20-0

Это издание - четвертое в серии Евразийских литературных сборников «Нить».

Более шестидесяти авторов из четырнадцати стран с 2018 года приняли участие в данном проекте и вплели свои прекрасные работы в эту нить поколений и народов, некогда объединенных одним общим культурным пространством – странами бывшего Советского Союза. В этом году авторы работ – профессиональные мастера слова, победители и финалисты конкурса «Открытая Евразия», лауреаты Евразийских премий, активные участники и представители проектов и советов Евразийской творческой гильдии.

Авторы делятся с читателями своими мыслями, мудростью, собственной философией, дают почву для размышлений и фантазий. Кто-то найдет здесь для себя что-то новое, о чем стоит задуматься, кто-то лучше поймет себя, а кто-то, возможно даже найдет смысл в своей собственной жизни и поступках. Кто-то посмеется, кому-то взгрустнется, кого-то, возможно, строки тронут до слез, а кто-то вспомнит своих близких....

В годовщину Великой Победы в Великой Отечественной войне мы не можем обойти вниманием военную тематику, и наши авторы будут возвращаться к ней вновь и вновь ради сохранения мира и благополучия, такого хрупкого сегодня, любви, дружбы и человеколюбия.

Данное издание - пятое в серии Европейских литературных сборников «Нить». За время своего существования сборник объединил произведения семидесяти девяти авторов из девятнадцати стран возрастом от 12 до 94 лет. Авторы проекта выражают надежду, что сборник передает единый дух народов Евразии и вносит вклад в культурное взаимообогащение литераторов и формирует уважение к истории и настоящему других стран, связывает мысли и чувства разных поколений.

В этом году многие победители и финалисты международного литературного конкурса «Открытая Евразия», ежегодно проводимого Евразийской творческой гильдией, решили воспользоваться возможностью найти путь к своему читателю через этот сборник. Кроме того, все авторы – члены Гильдии, активные участники ее проектов и советов, и, несомненно, замечательные мастера художественного слова.

Надеемся, что рассказы и отрывки из книг наших прекрасных авторов вызовут интерес у читателей, которые обязательно захотят познакомиться с творчеством этих писателей поближе.

Наш шестой сборник вышел в 2022 году. Этот год в Великобритании стал годом радости и горя одновременно. Именно в этом году состоялся платиновый юбилей правления Королевы Елизаветы II – событие более, чем выдающееся! Елизавета II – первый правящий британский монарх, который праздновал 70-летие восседания на престоле. Представляете, сколько поколений сменилось на ее глазах? Сколько культурных веяний прошло сквозь ее жизнь? И в этом же году Ее Величество Королева скончалась...

В честь этого ECG (London) и издательство Hertfordshire Press (Великобритания) решили посвятить шестой выпуск уже ставшего легендарным альманаха «Нить» Её Величеству Королеве. Этот альманах отражает и разнообразие культур, и связь поколений, а в этом году в нем присутствуют работы не только на русском, но и на английском языке! Мы надеемся, что это уникальное издание найдет у вас, дорогие читатели, самый теплый отклик.

В этом году отмечается 195-летие великого российского писателя, классика мировой литературы, Льва Николаевича Толстого. Его вклад в развитие мировой литературы просто неоценим и мы рады посвятить седьмой том литературного сборника "Нить" этому великому творцу, ознаменовавшим новый этап в истории литературы. Помнить историю и следовать традициям, но в то же время привносить новое и современное – именно так создается сборник малой прозы "Нить". Также хочется отметить другое событие – в 2023 году ECG (London) отмечает свою седьмую годовщину. Мы уже не просто международное креативное сообщество, где творческие люди со всего мира объединяются и творят вместе. Мы по-настоящему стали большой и дружной семьей.

С благодарностью всем, кто остается с нами, ECG (London) и издательство Hertfordshire Press (Великобритания) представляют своим читателям **седьмой** том легендарного литературного сборника "Нить". Этот альманах как ничто лучше отражает как связь поколений, так и особенности культур и традиций народов Евразии. Надеемся этот сборник оставит особый след в душе каждого читателя.

Подарите детям с аутизмом своего Супергероя

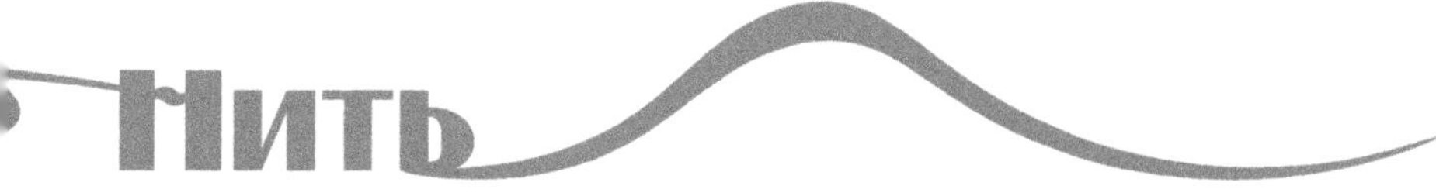

Первый международный музей для детей, посвященный исследованию аутизма и инклюзивности

Нить

ИСТОРИЯ

Молодой художник, работающий в партнерстве с издательским домом Hertfordshire Press (Великобритания) выпускает вторую часть комикса "Elish and the Wicker Tale", а также издание, включающее в себя первую и вторую части, посвященное поддержке детей с аутизмом.

Что объединяет людей со всего мира вне зависимости от национальности, религии и языка? То, что все мы когда-то были детьми и бережно храним в сердце воспоминания о детстве. Может быть поэтому мы говорим, что дети - это цветы жизни, потому что дети всегда занимали и будут занимать важное место в нашей жизни. И не важно, что ребенок немного отличается от остальных.

Графическая адаптация книги "Илиш и плетеная история" в формате комикса была создана выпускником Лондонской Киноакадемии Тимуром Ахмеджановым. Она основана на оригинальной повести азербайджанского писателя и детского психиатра Камрана Салаева. Как и оригинальное произведение, комикс посвящен детям с аутизмом и раскрывает проблемы их социальной жизни.

Основная цель проекта - привлечь внимание общества к детям с аутизмом. Издание комикса стало возможным благодаря краудфандинговой кампании на платформе. Indiegogo в 2021 году. Более 240 человек из 25 стран поддержали этот проект, и среди них были музыканты, писатели, общественные деятели, дипломаты и многие другие.

Сейчас вторая часть комикса доступна для предзаказа на английском языке на Indiegogo в рамках кампании 2023 года, как и издание, содержащее обе части для новых читателей. Все средства от продажи книг будут направлены на строительство музея, где Илиш встанет в один ряд с такими известными "коллегами", как Человек-паук (США) и Томирис (Казахстан), позволяя людям с аутизмом ассоциировать себя с сильным персонажем в мире комиксов.

В ближайшие месяцы пройдет турне и онлайн-презентации проекта в разных странах, чтобы вовлечь больше читателей и меценатов. Издательский дом также продолжает работу по переводу комикса на украинский, кыргызский, казахский, белорусский, азербайджанский и другие языки, чтобы привлечь больше людей к работе над проектом и подчеркнуть значимость социальной проблемы.

Тимур Ахмеджанов - выпускник London Film Academy родом из Узбекистана, имеет татарские и украинские корни, на данный момент проживает в Рози, остров Бьют, Шотландия (Великобритания). Становление в творческой и часто путешествующей семье вдохновило его стать членом Eurasian Creative Guild. Наибольшее влияние на его творческую жизнь оказала его бабушка, Мария Ахмеджанова (Шевель), которая была видным украинским архитектором.

На счету Тимура также такие переводы книг, как "Menik" Огдо, "A Hundred Years on the Steppe" Баянгали Алимжанова, "Turmoil" Дулата Исабекова, Мемуары Раисы Горбачевой, "Mouse Leia" Арины Чунаевой, "Yarn named Sun" Михаила Куницкого и "Maestro and Muse" Сергея Белого.

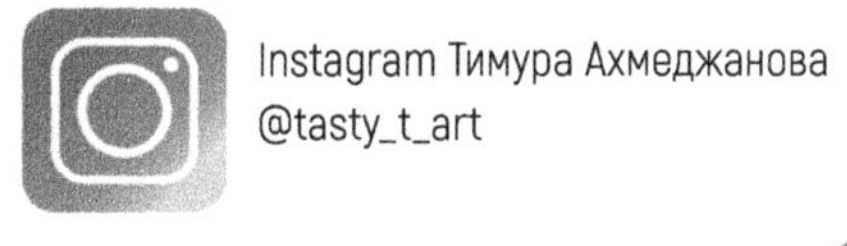
Instagram Тимура Ахмеджанова
@tasty_t_art

ОТЗЫВЫ

'Для большинства людей, страдающих РАС, самая большая проблема в том, что их часто не понимают, и они сами не понимают себя. Поэтому "Elish and the Wicker Tale" - это замечательный проект. Эта серия комиксов, основанная на детской книге Камрана Салаева, использует простоту и наглядность, чтобы сломать барьер, часто возникающий у детей-аутистов, когда они тонут в море слов'

Тим Бентинк,
12ый граф Портландский, актер

'Мы погружаем вас в историю Илиша - мальчика, который все свободное время посвящает плетению из лозы. Он - ремесленник в истинном оригинальном смысле этого слова, пока недооцененный широкой общественностью. Для каждого из нас важно найти свою высокую цель в жизни, когда мы взрослеем. И я надеюсь, что все больше людей смогут перенять опыт Илиша в нашем изменчивом мире, где эти навыки важны, как никогда'

Мэтт Сэвидж,
джаз-музыкант

'... Я глубоко восхищен вашим стремлением творить добро." "Я надеюсь, что, как вы и говорите, это издание вдохновит следующее поколение писателей и художников, а также поможет людям с аутизмом чувствовать себя значимой частью общества'

Борис Джонсон,
бывший премьер-министр Великобритании

'В современном мире проблемы детского аутизма приобретают особую остроту. Любая помощь таким детям всегда вызывает особое уважение и поддержку'
**Рустам Минниханов,
Президент Республики Татарстан**

'Мы безмерно рады, что благодаря таким талантливым личностям, как Тимур Ахмеджанов, творчество отражается в благотворительных проектах и помогает в решении актуальных проблем современности'
**Акмаль Нур,
Председатель Academy of Arts of Uzbekistan**

ВВЕДЕНИЕ

Мы рады представить вам амбициозный проект - музей 'Elish and Superheroes', где обширный пантеон супергероев уже готов поддержать вас, говоря "Вам не нужно обладать сверхспособностями, чтобы быть особенными. Каждый может быть героем".

Это первый международный детский музей, посвященный раскрытию тематики аутизма и инклюзивности таким уникальным способом. Этот проект призван стать не просто пространством для людей с РАС, но и способом показать возможности интеграции этих людей в социальные, культурные и деловые отношения.

Мы начинаем этот проект с нуля и верим, что сможем открыть не один, а, как минимум, три таких музея. Они будут расположены в Казахстане, Великобритании и Болгарии.

Поэтому технически нам нужен бюджетный, экологичный, простой и быстрый в строительстве музей. Мы вдохновились идеей постройки музея из морских сорокафутовых контейнеров по примеру кофейни наших ближайших соседей. Вы можете познакомиться с аналогами. Такое решение не только высокофункциональное, но и дает нам определенную эстетическую свободу без необходимости создавать целый архитектурный план и гору инженерно-технической документации.

КТО ТАКОЙ ИЛИШ?

Комикс 'Elish and the Wicker Tale' был создан выпускником Лондонской Киноакадемии Тимуром Ахмеджановым. Он основан на оригинальном произведении азербайджанского писателя и детского психиатра Камрана Салаева. Уникальность комикса, как и оригинальной книги, в том, что она посвящена детям с аутизмом и высвечивает социальные проблемы и противоречия, с которыми они сталкиваются, на примере главного героя - Илиша.

Сейчас готовится к выпуску второй том комикса и книга будет включать в себя и первую, и вторую части комикса под одной обложкой, как часть краудфандинга. Вся прибыль от продаж книги будет направлена на создание музея, где Илиш встанет в один ряд с такими "коллегами", как Человек-паук (США) и Томирис (Казахстан), позволяя людям с аутизмом ассоциировать себя с сильным персонажем в мире комиксов.

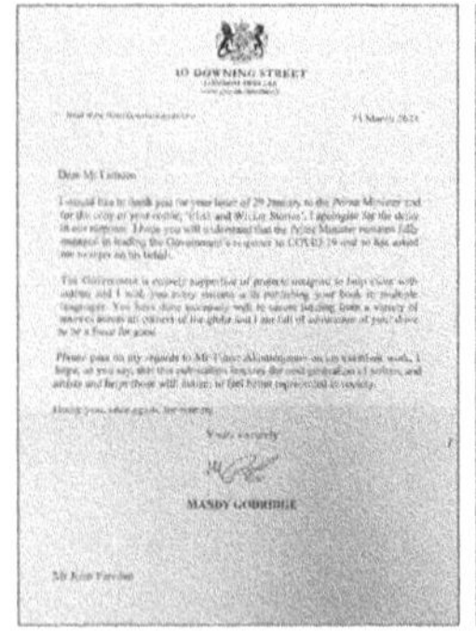

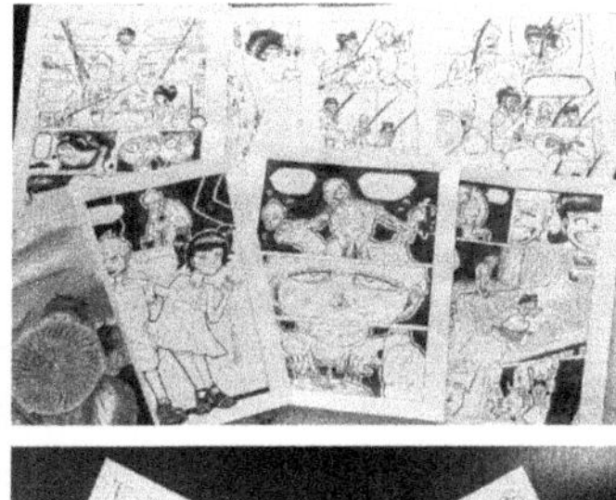
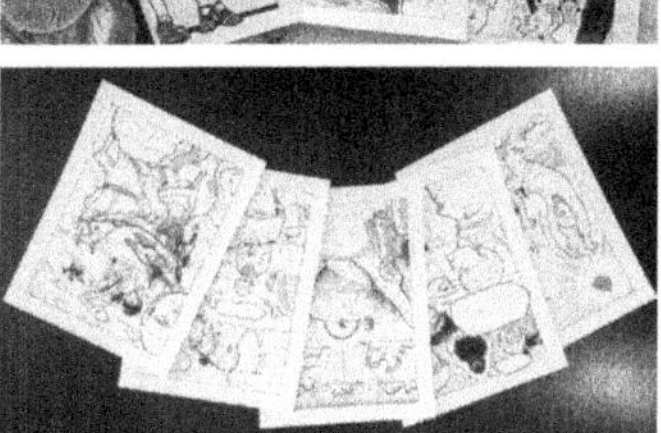

Первое издание получило поддержку от глав государств, звезд и многих меценатов со всего мира. Отсканируйте QR-код, чтобы узнать больше.

Нить

ОБЩИЙ ЗАМЫСЕЛ: ИЛИШ СРЕДИ ЛЕГЕНД

Как уже было сказано выше, мы планируем создать музей супергероев комиксов вокруг темы аутизма и инклюзии через образ Илиша. Философия проекта выстроена вокруг тезиса о том, что каждый может стать "супергероем" - ценной и значимой частью команды и общества. И, хотя музей ориентирован по большей части на детскую и молодежную аудиторию, мы также будем работать над вопросом инклюзии взрослых людей с РАС в жизнь общества, так как эта проблема поддерживается значительно меньше, чем работа с детьми-аутистами.

Поэтому музей - не только образовательный проект ДЛЯ аутистов, но и пространство, где каждый может может узнать ПРО аутизм и его влияние на человеческую жизнь. Таким образом ключевой концепт - показать Илиша (героя с аутистическими проявлениями) среди узнаваемых персонажей, но не просто, как еще одного героя, а с акцентом на то, что именно его особенности стали ключом к его успеху (как и у многих реальных людей с аутизмом).

Первый из задуманных музеев планируется открыть в Щучинске, Национальном парке Бурабай (Северный Казахстан) летом 2024 года. Он станет частью творческой резиденции ECG HORIZONS Burabay, созданной Eurasian Creative Guild. Комплекс будет включать не только сам музей, но и игровую площадку, оборудованную для детей с ОВЗ и доступную для местных детей. Площадка будет соответствовать тематике музея, как "тренировочная база супергероев". К слову, в Щучинске не так много действующих публичных площадок, и нет площадок, доступных для детей с ОВЗ.

Музей станет площадкой для культурных и образовательных событий, а также показа творчества людей с ОВЗ международной аудитории ECG.

ТЕРРИТОРИЯ И ЗДАНИЕ

Участок земли для проекта - это территория города, площадью 735 квадратных метров. На ней расположатся музей, паркинг и игровая площадка (196 квадратных метров), оборудованная для детей с ОВЗ.

Музей будет построен из четырех сорокафутовых контейнеров - два на первом этаже и два на втором. Расположение контейнеров в два этажа с пространством между ними даст нам 287,8 квадратных метров полезной площади.

Музей запроектирован как полностью автономная единица с независимой электростанцией на солнечных батареях, водоочистным модулем и биотуалетом.

Форэскиз будет проверен инженерами и другими специалистами, чтобы соответствовать требованиям безопасности, удобства и доступности.

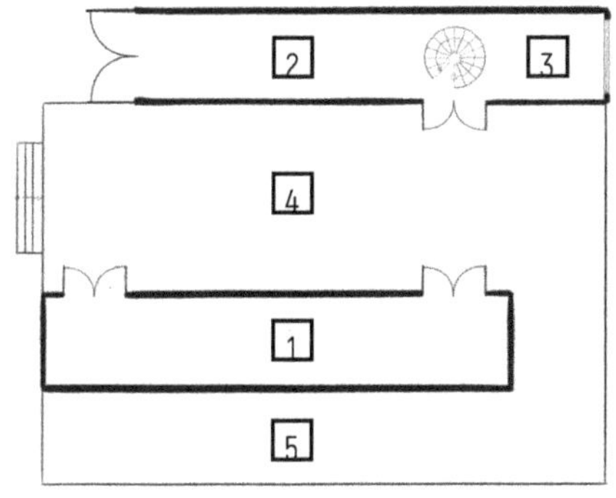

ВНУТРИ МУЗЕЯ

Внутри музея будут четыре зала с разными функциями, крытый внутренний двор/атриум и летняя смотровая площадка на крыше.

Первый этаж
1. Главный зал с основной экспозицией
2. Второй зал для тематических выставок и ивентов
3. Мини-библиотека
4. Внутренний двор (атриум)
5. Терраса

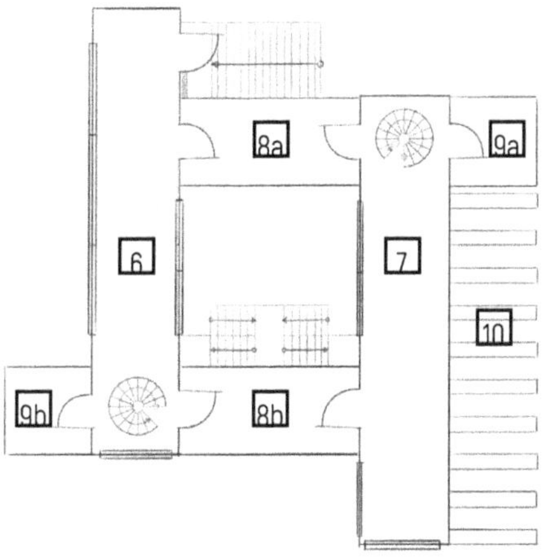

Второй этаж
6. Кофейня
7. Сувенирный магазин и коворкинг
8 a,b. Галереи между залами
9 a,b. Малые террасы второго этажа
10. Площадка для солнечных батарей

Третий этаж
11. Летняя смотровая площадка
12. Техническая зона
13. Крыша

СМЕНА РИТМА

Сегодняшняя зацикленность на сверхпродуктивности и сверхвовлеченности почти не оставляет пространства для созерцания и самоосознания. Однако аутисты живут вне общего ощущения времени, концентрируясь больше на процессе и своем внутреннем мире, поэтому для них так сложно интегрироваться в существующую структуру общественных отношений.

Чтобы поддержать основную идею музея мы хотим организовать пространство, руководствуясь двумя основными техниками взаимодействия посетителей с музеем - замедление ритма деятельности и расширение тактильного восприятия.

Первая механика направлена на изменение скорости движения в пространстве музея. Архитектура музея выстроена по принципу лабиринта, поэтому посетители не могут двигаться так быстро, как обычно, постоянно принимая решение о том, куда идти дальше.

Мы хотим использовать пол и потолок для экспозиции так же, как и стены, чтобы сделать пространство нелинейным и более замкнутым. Расположение объектов в нетуннельном порядке создаст нужное напряжение, как будто вам необходимо двигаться аккуратно, чтобы ничего не задеть. Освещение выставочных залов по принципу лазертага (без окон но со множеством точечных светильников) также продолжает основной замысел. Вы можете увидеть это на аналогах.

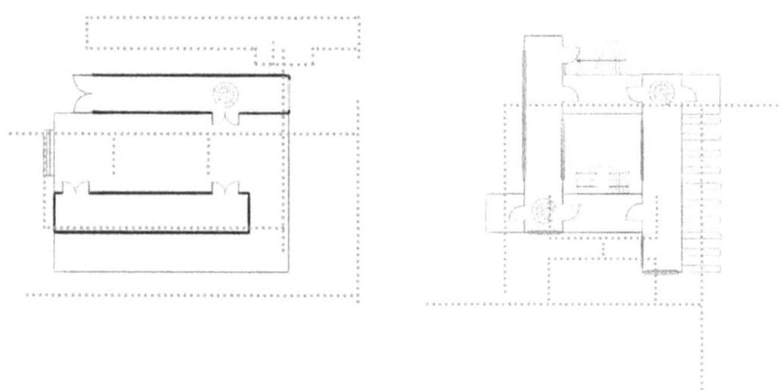

НЕ ТОЛЬКО ЗРЕНИЕ

Вторая механика концентрируется на всех пяти органах чувств, а не только на зрительном восприятии.

Белый шум, например звук дождя или города, симфоническая музыка или полная тишина и другие звуковые эффекты также необходимы для раскрытия идеи музея и экспозиций.

Тактильное восприятие - возможно, важнейший канал восприятия для аутистов и людей с ОВЗ в целом. Различные фактуры поверхностей, кривизна пространства и природные материалы, например, камни, вода и растения сделают опыт посетителя ярче и глубже.

Тот же концепт поддерживается и интерактивными экспонатами, например, стендом для макраме (многие аутисты, как и Иилиш, имеют похожие спасительные увлечения).

Обоняние и вкус - недооцененные, но очень важные чувства. Мы хотим включить "коктейл суперсилы" во входной билет, чтобы изначально создать позитивный настрой.

БИЗНЕС-МОДЕЛЬ И БЮДЖЕТ

Предварительный запуск музея запланирован на 1 июля 2024. Это идеальное время, совпадающее с высоким туристическим сезоном в Бурабае, когда многие жители Астаны приезжают на лето, и мы можем эффективно продвигать музей.

Для развития и поддержки проекта мы планируем три основных источника дохода:

Первый - продажа билетов. Привлечение будет идти не только на выставки, но и на различные мероприятия с международным спикерами. Вход на все ивенты будет бесплатным для посетителей музея, как и игровая площадка (местным жителям предоставляются льготные абонементы).

Второй - доход от кофейни. Ее концепция также будет тесно связана с философией музея. Каждый посетитель получит возможность не только выпить чашечку кофе, но и создать свою смесь "суперспособностей" из различных сиропов.

Третий источник - сувенирный магазин, что очень актуально для темы комиксов. Сообщества фанатов по всему миру построены вокруг атрибутики супергеройских комиксов, и мы используем тот же подход для развития музея. Также он станет уникальной площадкой для местных ремесленников.

Продолжится и благотворительная кампания. Мы создадим членский клуб "Друзей Илиша" и систему абонементов. Достижение точки безубыточности планируется на декабрь 2024 года, таким образом проект будет иметь пятимесячный стартовый период.

Для запуска проекта нам необходимо 300 000 фунтов предполагаемого бюджета.

Контейнеры - 10 400 GBP
Транспортировка - 12 000 GBP
Строительно-монтажные работы - 19 000 GBP
Отделочные работы - 60 000 GBP
Солнечные батареи - 20 000 GBP
Водоочистная система - 20 000 GBP
Биотуалет - 1 000 GBP
LED-экран - 10 000 GBP
Зарплата сотрудникам на 5 месяцев стартового периода - 12 750 GBP
Гонорар спикерам на 5 месяцев стартового периода - 4 000 GBP
Услуги архитекторов и инженеров - 7 000 GBP
Оснащение - 50 000 GBP
Игровая площадка - 30 000 GBP
Паркинг - 10 000 GBP
Бюджет на маркетинг на 5 месяцев стартового периода - 5 000 GBP
Бюджет на расходники на 5 месяцев стартового периода - 3 850 GBP
Резерв - 25 000 GBP

ИТОГО - 300 000 GBP

О НАС

Eurasian Creative Guild (London) - некоммерческая общественная организация, основанная в 2015 году в Лондоне для того, чтобы объединять и продвигать деятелей культуры и искусства Евразийского региона в англоязычном пространстве. Основной деятельностью ECG (London) стали организация и проведение фестивалей в разных странах мира, литературных и творческих конкурсов, конференций и других мероприятий, в рамках которых творческие люди имеют возможность обсудить новые проекты, представить свои работы, а также познакомиться с работами коллег и получить возможность выйти на международный уровень. На данный момент членами Гильдии являются более 3 000 творческих деятелей из 73 стран мира.

Hertfordshire Press (SRM Group) - уникальное британское издательство, объединяющее англоязычных читателей с Евразией посредством издания книг, журналов, путеводителей авторов региона. С 2002 года издательство специализируется на издании современной художественной и научно-популярной литературы евразийских авторов, а также переиздании произведений прошлых лет, которые недоступны на английском языке. Каталог издательства содержит более 200 произведений авторов из 15 стран мира общим тиражом более 1 000 000 экземпляров. Наша главная цель - сблизить различные культуры, публикуя литературные произведения по всему миру.

With all questions please contact us
guild@ocamagazine.com
+447411978955 (WhatsApp)

ИЛИШ - СУПЕРГЕРОЙ-АУТИСТ В СОВРЕМЕННОМ МИРЕ!

Супергерои становятся все более разнообразными, как и их супреспособности принимают разные формы! Кажется, у каждого человека есть свой любимый персонаж, а кассовые сборы фильмов последних лет показывают, что сегодня супергерои популярны больше, чем когда-либо. По стечению обстоятельств Eurasian Creative Guild помогла создать собственного супергероя - Илиша - благодаря очень успешному графическому роману "Elish and the Wicker tale". Но примечательно то, что Илиш - аутист.

Имея около 150 000 детей с аутизмом в одном только Казахстане и около 450 000 во всей Центральной Азии становится ясно, что всем им нужен не только свой собственный супергерой, но и свое место, где его суперспособности будут воспеты. И, хотя в мире уже есть несколько музеев, посвященных супергероям в кино, это был бы первый музей, посвященный в том числе и литературному супергерою-аутисту!

Аутизм имеет много разных форм, и проявления некоторых из них можно побороть. Музей показывал бы не только вымышленных супергероев, но и тех людей, у которых есть ограничения, несмотря на которые они по прежнему остаются успешными в своей сфере деятельности. Также интересно было бы увидеть, сколько известных людей в креативных индустриях также страдают аутизмом. Например Дэн Эйкройд - комедийный актер, Ганс Христиан Андерсен - детский писатель, Тим Бертон - кинорежиссер, Льюис Кэрролл - автор "Алисы в стране чудес", Чарльз Дарвин - ученый биолог и геолог, Эмили Дикинсон - поэтесса, Альберт Эйнштейн - ученый, Бобби Фишер - гроссмейстер, Билл Гейтс - сооснователь Майкрософт, Стив Джобс - бывший глава Apple, Джеймс Джойс - автор "Улиссов", Стэнли Кубрик - режиссер, Микеланджело

- скульптор, художник, архитектор, поэт, Вольфганг Амадей Моцарт - композитор-классик, Сатоши Таджири создатель Nintendo's Pokémon, Никола Тесла - изобретатель, Эни Уорхол - художник. И это далеко не полный список.

Мы предлагаем:
- Построить музей "Супергероев", чтобы размещать выставки и предоставлять гибкое выставочное пространство, место для конференций и встреч, кофейню и игровую площадку, адаптированную для специальных нужд своих посетителей и их сопровождающих.
- Создать место встречи для организаций и групп со специальными потребностями из Казахстана и всей Центральной Азии для выстраивания инклюзивного сообщества.

Краудфандинговая кампания призвана привлечь финансирование для строительства и обеспечения музея*. Дополнительные средства для обустройства музея будут привлекаться в качестве спонсорской помощи. Общая сумма проекта в размере 300 000 фунтов позволит создать хорошо спроектированные объекты, которыми сможет воспользоваться множество людей.

*участок земли предоставляется местными властями, активно поддерживающими проект

Гарет Стамп,
председатель Eurasian Creative Guild

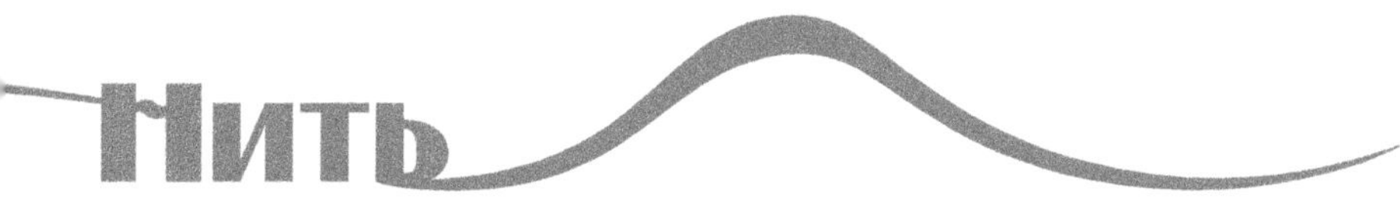